Michel ANGÉE

« Tu ne tueras point. »
(Exode, XX, 13.)

Les MASSACREURS

PRIX : **3** FRANCS

ROUEN

IMPRIMERIE DE CH. CHARLET

50, RUE DE LA GROSSE-HORLOGE

1905

Les Massacreurs

« Tu ne tueras point. »
(*Exode*, XX, 13.)

～～～～～

CHAPITRE Iᵉʳ

～～～

La Mort

I

J'étais couché depuis plusieurs jours et fort malade. Un soir, on me fit avaler je ne sais quelle drogue prescrite par le docteur et je m'endormis profondément. Longtemps après, à ce qu'il me sembla, je me réveillai doucement avec l'agréable sensation du malade dont la fièvre s'est envolée. Je rejetai vivement les pesantes couvertures dont le zèle de la garde-malade m'avait enveloppé, je me levai et me mis à marcher dans l'obscurité. Je marchais sans rien voir et, chose plus étrange, j'allais ainsi sans mon corps ; du moins, je ne sentais pas mes membres ni ce sur quoi je devais cependant marcher. Alors ma pensée s'éveilla : je compris que j'étais mort.

Évadée du corps, mon âme pensante errait-elle dans le sombre éther ? Elle n'errait pas : il me semblait bien au contraire que j'allais vers quelque chose, mais où ? et pourquoi ?...

Je me mis à réfléchir et trouvai tout d'abord un grand charme à la mort. Vraiment, rien n'était délicieux comme cette course rapide dans la solitude et la nuit. Sans rien voir, ni rien entendre, ni rien sentir, je volais dans l'espace infini, obscur et silencieux. Mais, au fait, pourquoi la nuit ? Les yeux du corps seuls avaient pu me montrer le jour, la lumière ; les yeux de l'âme, c'était une belle expression de poëte, il ne pouvait y avoir pour eux ni jour ni nuit. Mon âme était aveugle et l'idée de nuit n'était pour moi qu'un dernier souvenir de la terre que je venais de quitter. Mais ce souvenir me fit aussitôt entrer dans une terreur indicible ; j'eus peur de cette incompréhensible obscurité, je la crus éternelle et je tombai dans un profond désespoir.

Ainsi, jamais plus je ne verrai le jour, ni rien même ; je n'aurai plus sensation d'aucune chose, n'ayant plus de sens corporels. Je penserai indéfiniment dans cette obscurité mystérieuse, cette effrayante solitude. Mais à quoi penserai-je ? A moi seulement, étant seul, et comment penser n'ayant plus de base de comparaison ?

Je cesserai donc de penser lorsqu'avec le temps, s'évanouira ma mémoire; et, ne pensant plus, que sera mon âme, c'est-à-dire ma pensée ? Évanouie elle aussi, disparue, anéantie !... Le néant !!...

Je souffrais tant que machinalement, je voulus crier, appeler au secours. Peut-être quelqu'autre âme était là, près de moi, également angoissée. Surgissant à mes côtés, m'accompagnant dans ma course, elle calmerait ma frayeur par sa présence amicale et me rendrait le calme dont j'avais tant besoin pour comprendre cette mort étrange.

Mais comment pourrait-elle m'entendre sans oreilles ?... Et je me moquai de moi même. Dans la terreur où j'étais plongé, je me raccrochai à cette idée joyeuse qui venait de me traverser comme un éclair. Je fis de violents efforts pour ne plus penser qu'à la maladresse avec laquelle je m'habituais à ma nouvelle situation de mort. Ainsi que le voyageur poltron qui, marchant seul sur la route abandonnée, chante avec un secret effroi pour écarter les fantômes de la nuit, j'allais, cherchant à me réjouir pour éviter de penser à l'angoisse affreuse qui m'étreignait. A peine avais-je constaté l'absence de mon corps que, malgré moi, je cherchais à faire usage de ce corps, oubliant que je n'avais plus de bouche ni de poumons pour crier. Vraiment, c'était à se tordre de rire..... mais je n'avais ni gorge ni lèvres !

Combien j'aurais voulu les avoir ces lèvres pour rire bruyamment ; mais moins heureux que le voyageur nocturne, aucun bruit ne pouvait me distraire ni chasser mes frayeurs ! je ne pouvais même pas entendre comme lui, le bruit de mes pas sonores sur la terre ; car, où était ce chemin sur lequel je marchais ? Il n'y avait pas de chemin !..... je ne faisais pas de pas !..... Marcher ? était-ce marcher que je faisais !... j'étais seul dans le gouffre obscur et silencieux !.....

La consolation que j'avais cru trouver tournait contre moi. Plus encore qu'auparavant, le désespoir m'envahit. Pas de route pour diriger cette course affolante que je ne pouvais comprendre ! Pourtant je croyais aller ; cette course effroyable, incompréhensible existait, je n'étais pas encore anéanti puisque j'allais. Alors, comme le naufragé qui s'accroche plein de joie au moindre fétu de paille, je m'accrochai à cette idée de course ; idée terrifiante mais du moins, dernière et fragile barrière qui me séparait du Néant..... Puis je pensai que j'allais ainsi dans l'espace sans que ma volonté intervint. Quelqu'un voulait donc que j'allasse ; je n'avais plus qu'à me soumettre et attendre. Cela calma la fièvre de mon esprit.

Presqu'aussitôt, il advint un événement fantastique : je n'avais pas d'yeux et pourtant je vis !..... je vis de la lumière et des choses.

II

Une clarté bleue montait d'un fleuve immense sur la berge duquel j'étais arrivé. Je pensai aux enfers des anciens et j'eus de la joie de m'en souvenir. Souvenirs confus, presque effacés, ou réalité autre que la fable ? je ne sais. Voici ce que je vis :

Un fleuve étrange émettait une lueur d'un bleu intense éclairant au loin, par delà l'autre rive, une plaine immense qui semblait sans fin. J'eus le désir d'abandonner au plus vite la rive ténébreuse où j'étais pour gagner enfin ce séjour de lumière qui paraissait si paisible ; mais il n'y avait personne autour de moi. Sur les flots immobiles, clairs et polis comme la glace, nulle barque. Je passai cependant, et sans me rendre compte comment cela se fit, je vins à marcher dans la plaine. J'étais si heureux d'être sorti de l'angoissante obscurité que je ne cherchai pas à comprendre ce phénomène, et, transporté d'allégresse, je m'éloignai du fleuve, magique barrière (je le croyais !) entre la terreur et la joie.

La plaine montait en pente douce et plus le fleuve s'éloignait, plus la lumière se faisait éblouissante et blanche. Je m'aperçus bientôt que la plaine, elle aussi, était la source même de cette lumière. A perte de vue, elle s'étendait toute blanche, comme revêtue de neige.

Je voulus me baisser pour toucher cette neige et tout aussitôt, je pensai que c'était impossible. J'eus un instant d'angoisse suivi d'une joie folle lorsque, jetant mes regards effarés autour de moi, je vis que je n'étais plus seul.

Une foule innombrable m'entourait, allant comme moi, mais plus vite. De toutes parts, des gens (des âmes ?.....) me dépassaient rapidement, courant sans bruit et comme sans mouvements. Je voulus aller aussi vite, pris de l'envie violente de les voir, les regarder, scruter leurs visages s'ils en avaient, me rendre compte de leur réalité, savoir ce qu'ils étaient pour comprendre enfin ce que j'étais moi-même ; et, dès que je le voulus, j'allai en effet aussi vite qu'eux et pus les contempler.

C'était bien des gens, hommes et femmes, aux figures diverses, aux traits variés. Tous les âges semblaient se coudoyer ; pourtant je remarquai vite qu'il n'y avait pas d'enfants parmi eux. Il me fut impossible, je ne sais pourquoi, de distinguer leurs vêtements, leurs bras, leurs jambes, ni de comprendre comment ils se mouvaient. Je ne pouvais voir que les visages et bientôt, je ne fus plus capable de comparer les traits ; je ne vis plus que l'expression des physionomies et même, je ne vis plus, pour ainsi dire, qu'une seule physionomie.

Il semblait qu'une même pensée les guidait tous. Je leur voyais à tous les lèvres tremblantes, entr'ouvertes, le front plissé, les sourcils levés, le regard fixe, effrayé.

Impossible de les interroger : affreusement préoccupés, tous ces gens se précipitaient dans l'espace, sans se voir ni s'entendre, vite et silencieusement. Se bousculant, se dépassant les uns les autres, ils semblaient se hâter pour voir là-bas quelque chose qui était dans l'inconnu. Puis je n'arrivai plus à les distinguer nettement et, tout à coup, je pensai qu'ils couraient ainsi non pas pour voir, mais pour *savoir* quelque chose.

Je tombai dans une profonde rêverie. Moi non plus, je ne savais pas !..... Mais, quoi ?..... Quelle chose ne savais-je pas ?..... j'étais ignorant, voilà tout. Et même, de mon vivant, j'étais déjà ignorant. Alors je me souvins que j'avais souffert de mon ignorance, que j'avais voulu savoir. Savoir quoi ?..... Mais quoi donc ?..... J'avais lu, j'avais interrogé les vivants et les morts dans leurs écrits et je n'avais reçu que des réponses mensongères.

'L'idée de mensonge survenant tout à coup, me fit souvenir que c'était la Vérité que je voulais alors savoir. Je l'avais cherchée vainement toute ma vie, puis j'étais mort et maintenant, j'étais toujours ignorant comme l'étaient tous ceux que j'avais connus de mon vivant.

La lumière se fit dans mon âme qui eut comme un second réveil ; je compris que tous ces gens étaient des morts qui cherchaient la Vérité. L'angoisse me prit d'être éternellement dans l'ignorance. Je voulus savoir, moi aussi et je me mis à courir, à voler, les bousculant, les dépassant pour être plus vite en présence de cette Vérité qu'eux tous et moi-même désirions posséder.

Combien de temps dura cette course éperdue, je ne sais : la notion du temps n'existait pas pour moi. J'eus seulement la sensation de dépasser les autres, d'enfoncer dans du noir, puis de surgir encore à une clarté nouvelle.

III

Quand j'eus cette sorte de seconde résurrection, je me vis parcourant les allées moussues d'un bois de jeunes chênes. Plus de fleuve ni de plaine aux perspectives infinies, mais seulement un petit vallon dont je distinguais facilement les bornes étroites. Dans ce séjour de paix et de silence, baigné d'une douce et gaie lumière qui jouait sous la feuillée, tout semblait sourire aux calmes pensers.

Se poussant joyeusement les unes les autres, des milliers de pâquerettes, écartant les brins d'herbe humide, pointaient vers le ciel leurs têtes jaunes et blanches comme avides d'absorber la gaie lumière avec l'air pur. Les jeunes arbres, couverts de bourgeons, tendaient aussi leurs branches encore frêles, et, tout fiers de leur taille élevée, semblaient montrer aux fleurs modestes le chemin de la santé, de la joie, de la vie.

J'allais avec lenteur sur le gazon fleuri, tout argenté de rosée, prenant plaisir à scruter les mille détails de cette calme nature où la vie ardente et joyeuse des plantes accomplissait ses doux mystères. J'eus le désir de m'arrêter en cet éden pour en goûter la délicieuse quiétude, m'imaginant que là seulement, dans le recueillement de cette paisible vallée, je trouverais ce que je cherchais.

Je voulus m'asseoir et repris aussitôt conscience de mon corps. Conscience diffuse à la vérité, corps presque éthéré, sensations à peine ressenties. Cependant, je vis confusément mon corps, mes mains, mes vêtements et, rentré dans l'accoutumance des choses terrestres, mon âme reprit son calme et sa sérénité. Quelques pas plus loin, ayant débouché dans une clairière, j'avisai de petits replis de terrain formant comme des sièges, je m'assis sur l'un deux et me mis à réfléchir.

Aucun trouble n'agitait mon âme à ce moment. On eut dit que, rentrée dans le corps, elle y avait retrouvé, avec les avertissements définis et limités des sens, le moyen de vivre avec méthode. Vraiment, l'air pur et léger, les fleurs embaumées, l'herbe humide, les jeunes arbres bourgeonnant semblaient détendre des nerfs trop excités et, par eux, communiquer à l'âme la sérénité de cette calme nature.

Cette idée ne me vint pas alors ; je pensai seulement que j'étais arrivé au port après tant d'angoisses ; que j'avais retrouvé la paix et que, par elle, je trouverais bientôt la Vérité.

J'eus d'abord l'obscure sensation que je n'avais plus à courir, que la Vérité était là, près de moi. Je parcourus d'un regard machinal, toute la clairière puis, fort égayé de ma naïveté, je pensai : « Ai-je cru vraiment que je vais la voir, s'avançant vers moi sous les traits d'une jeune vierge comme il est dit dans les légendes ? Non : la Vérité n'a pas d'image corporelle. Elle est là, je le sais ! Cherchons avec l'âme et non pas avec les yeux charnels..... Elle est là et même, elle est en moi ; je n'ai pour la découvrir qu'à chercher en moi-même. » J'en pris la résolution et presque aussitôt, je pensai que si Elle était là, en moi, Elle y devait être depuis longtemps, depuis toujours. Elle y devait être au temps où je vivais sur la terre. Pourtant, malgré toutes mes recherches d'alors, je ne l'avais pas vue et les hommes ne me l'avaient pas montrée. Comment pourrais-je mieux la trouver maintenant que j'étais seul et qui pourrait survenir pour m'aider ? De nouveau, le désir éperdu de savoir et la crainte de la solitude s'emparèrent de moi ; mon âme devint triste et je pleurai la tête entre mes mains.

IV

Quand je relevai la tête, bien décidé à quitter au plus vite ce menteur séjour, je fus surpris de me voir assis au milieu d'une assemblée d'hommes inconnus qui semblaient là depuis longtemps. D'où venaient-ils ? Que faisaient-ils ?..... Je n'avais rien entendu et, cependant, j'étais bien certain que la clairière était déserte lorsque j'y étais venu m'asseoir et méditer. Je me mis à les examiner avec défiance et curiosité.

Cette fois, je voyais tout assez distinctement. Un certain nombre d'hommes étaient assis sur le gazon ; bien qu'immobiles et parfaitement silencieux, ils semblaient poursuivre une conversation déjà commencée. J'eus peine à comprendre la contradiction qui s'éleva dans mon esprit en « voyant » une conversation silencieuse ! Immobiles, la bouche close, ils causaient cependant. Je compris bientôt que le jeu des muscles de leurs visages leur donnait des physionomies si expressives que j'y croyais lire leurs discours ; mais cela ne me suffit point, tout d'abord, pour suivre le fil de leurs pensées ; je fus long à les comprendre.

Chose étrange, je ne voyais distinctement que ceux dont le visage tressaillait ainsi ; dès qu'ils revenaient à l'immobilité, ils s'estompaient, s'embuaient et finissaient par disparaître pour laisser la place à quelqu'autre mystérieux orateur. Aussi leur nombre variait sans cesse et je ne sus jamais combien il y en avait.

Par la suite, je crus les voir aller et venir ; mais toujours leur réalité semblait s'évanouir dès qu'ils cessaient de causer. Enfin, quand mon attention fut tout à fait surexcitée, je parvins à entendre ce qu'ils disaient. A la vérité, je n'entendais pas de mes oreilles ; mais je sentais seulement qu'en mon âme, s'agitaient et se développaient précisément les pensées que chacun de ces extraordinaires parleurs développait sans que sa bouche émit aucun son.

Quelle fantastique sensation !

Le premier de ces hommes sur lequel se fixa mon attention était un vieillard vêtu d'une blouse blanche et chaussé de lourdes bottes. Sa figure énergique, surmontant de robustes épaules, était comme illuminée par des yeux sombres d'une mobilité, d'une vivacité extraordinaire. Profondément enfoncés dans l'orbite, ils semblaient darder à travers d'épais sourcils de neige, des rais de feu. Seuls, ses yeux vivaient intensément dans l'immobile figure envahie presque toute entière par la barbe blanche, irrégulière et longue.

Le reste de l'assemblée que j'apercevais confusément, paraissait écouter avec déférence les véhémentes apostrophes que je lisais dans les yeux expressifs du vieillard. Aux premiers instants, je compris que par delà ses auditeurs, il apostrophait les vivants et leur reprochait avec violence leurs débauches et leurs crimes. Tout cela était confus ; j'aurais voulu qu'il parlât véritablement pour mieux saisir sa pensée, et aussi qu'il se nommât, mais les morts ont-ils un nom ?.....

Bientôt, des mots, des phrases jaillirent dans mon cerveau et, vibrant à l'unisson de la sienne, mon âme réfléchit ses propres idées. Malheureusement, je ne puis rapporter exactement l'étrange discours du silencieux vieillard qui parlait avec une éloquence passionnée, impossible à rendre, et donnait à ses pensées un tour si hardi, si élevé que les mots humains sont impuissants à le traduire

Je crois qu'il exprimait à peu près ces idées :

— « Oui, pensait-il, ils n'ont eu de cesse qu'ils
« n'aient travesti la Vérité que le Juste avait appor-
« tée. Ils l'ont soigneusement cachée pour la rem-
« placer par de grossiers mensonges et de cruelles
« superstitions. Trompés par eux, les peuples n'ont
« fait que changer d'idole et font à leur Dieu cruel
« et injuste des sacrifices mille fois plus épouvan-
« tables que leurs ancêtres n'en faisaient aux gros-
« sières divinités des premiers âges. Les hommes
« ont fini par croire, tant le mensonge a été subtil,
« que le Juste avait ordonné précisément le con-
« traire de ce qu'il a dit. Leurs Églises impies et
« sacrilèges leur ont inculqué l'idolâtrie stupide de

« l'homme-Dieu et du clergé demi-dieu. Au nom du
« Juste qui vint prêcher la Vérité du Dieu-Amour,
« ils ont organisé, discipliné, perfectionné l'horrible
« guerre. Ces hommes auxquels Il a dit : Aimez-
« vous les uns les autres, trompés par leurs Églises,
« n'ont plus d'autre passion que celle de s'entre-
« dévorer. Les plus célèbres d'entre eux le sont par
« le plus grand nombre d'assassinats qu'ils ont
« commis ou fait commettre. Les plus intelligents
« et les plus instruits dépensent leur intelligence et
« leur instruction à chercher les meilleurs et les
« plus sûrs moyens de tuer à la fois le plus grand
« nombre possible de leurs frères. Et les prétendus
« ministres de Dieu n'ont que sourires et flatteries
« pour ces bêtes féroces. Ils distribuent par leurs
« sortilèges des bénédictions aux tueurs de peuples
« et aux instruments de carnage.

« La Bible à la main, les adversaires s'injurient ;
« chacun trouve dans le livre qu'il dit sacré l'ana-
« thème jeté sur son ennemi. C'est au nom de celui
« qui se laissa crucifier pour ne pas résister à la
« violence par la violence, qu'ils violentent leurs
« frères sous les prétextes les plus futiles et sou-
« vent même sans prétexte »....................

Dans l'infini silence, sa pensée vibra longuement.
La douleur et l'indignation se peignaient sur son
visage. Pour moi, j'étais moins effrayé que surpris
de retrouver dans son discours le souvenir de paroles

semblables entendues de mon vivant. Je sentais que la Vérité se manifestait par ce vieillard et l'idée douloureuse me vint que j'avais bien entendu cette même Vérité autrefois. Mais, alors, comment n'avais-je point compris?..... Au contraire, j'avais cru ces paroles mensongères!.... Pourquoi n'avais-je pas compris?..... Et même..... quelle vie avait été la mienne?..... N'avais-je pas été de ceux dont la conduite indignait si vivement ce penseur terrible et véhément?..

Puis le vieillard se tut et mon âme se mit à vibrer d'une façon différente. Je compris que quelqu'un autre parlait; mais la foule était si agitée que j'eus peine à découvrir le nouvel orateur. Il posait des objections et cherchait, me semblait-il, à discuter avec calme. Sans l'écouter, le vieillard aux yeux sombres poursuivait le cours de ses virulentes apostrophes.

Bientôt, la conversation silencieuse de ces hommes étranges, dont le nombre croissait sans cesse, devint générale. Chacun parlait sans s'occuper de son voisin; il en résultait pour moi un reflux de discours extraordinaire, dominé par les imprécations du vieillard. Je démêlai seulement que tous, bien que de façons différentes, agitaient des idées voisines et lançaient l'anathème aux meurtriers. Ce flot de pensées, se développant pour ainsi dire parallèlement, chantait dans mon âme comme une harmonie magistrale et compliquée. Cette comparaison me vint à l'esprit, mais je ne pus me laisser aller au plaisir d'écouter comme un spectateur. Malgré moi, je voulus prendre part effective au concert, le diriger pour en régulariser les trop capricieuses parties, et, dans le moment même où je le voulus, l'extraordinaire conversation de ces hommes s'arrêta et tous me regardèrent fixement.

O terreur ! Dans la clairière subitement agrandie, des centaines d'hommes immobiles et silencieux semblaient m'interroger avec sévérité. Je lisais dans leurs yeux comme un sanglant reproche. Tous semblaient s'indigner de l'interruption d'un intrus ignorant ou, peut-être, de la prétention qu'ils avaient devinée de diriger leur fabuleux concert. Qui était celui-là, qui s'imposait ainsi et que pouvait-il dire contre le meurtre, lui qui..... ?

La honte courut sur moi. J'essayai de m'effacer de devant eux ; mais tous, immobiles et sévères, ne me quittaient pas des yeux. Dans mes yeux comme décuplés par l'épouvante, plongeaient des centaines de regards effrayants. Tout disparut, clairière, assemblée, et même l'ombre falote de mon corps. Je restai avec mes yeux éblouis par d'autres yeux.....

La douleur, l'effroi, le désespoir broient mon âme torturée par ces regards qui me jettent l'anathème. Car il n'y a plus ni conversations ni concert : il n'y a plus devant moi que l'imprécation clamée contre *le meurtrier.*

Et je reste là, l'âme pantelante, affolée sous la foudroyante menace de ces milliers d'yeux qui hurlent la malédiction. Et cela n'a pas de fin ; constamment s'entrechoquent les éclairs de haine contre le crime..... Qui me sauvera de la torture ?..... Qui me délivrera de l'épouvante ?..... Qui viendra m'arracher de l'abîme de désespoir où je vais rouler avec ces yeux menaçants ?..... Pitié !..... A moi !..... Au secours !.....

V

Tout s'est calmé.

De nouveau, j'ai vu la clairière et pris contact avec mon corps. De nouveau, je me suis vu assis sur le frais gazon, confondu dans les rangs d'une foule innombrable qui, silencieuse et placide, semblait figée dans l'attente de quelque chose ou de quelqu'un.

Moi aussi, j'attends ; mais j'attends dans la douleur et dans la crainte. J'ai peur que, de nouveau, tous ces hommes ne me voient pour me poursuivre et me maudire. J'attends dans l'anxiété Celui qui me délivrera d'eux et me rendra pour toujours la paix. Car, je ne cherche plus rien à présent que la paix, le silence, la solitude.

J'ai senti se soulever tout à l'heure un coin du voile qui cachait la Vérité, mais la frayeur m'a pris et je ne veux plus savoir. Je ne veux pas non plus me souvenir de la terreur où m'ont plongé ces hommes cruels ; et j'attends Celui qui, m'ôtant l'angoisse et son souvenir, me donnera la paix..... fût-ce la paix du Néant.....

Oui, qu'à tout jamais j'aille au Néant ! Que je ne pense plus ! Que je ne sois plus ! Ainsi du moins, je ne me souviendrai plus.....

Qu'il vienne Celui qui pourra m'anéantir ! Que me font ces discours, ces clameurs, cette Vérité ?

Qu'ils la cherchent, les vivants, cette Vérité. Que m'importe à moi ?..... Moi, je suis mort !.....

Je ne veux plus de cette apparence de vie qui subsiste par ma pensée. Je veux mourir, mourir vraiment, mourir tout à fait.

Ah ! Qu'il vienne, s'il existe, Celui qui me délivrera de mon souvenir, de mon remords, de mon âme, et qu'après avoir été consolé, je sois enfin couché pour toujours dans le noir sommeil de la mort éternelle..... là où rien n'est plus !.....

VI

O joie ! Le voici, Celui que tous attendent.

Au milieu de la foule respectueuse, un homme est apparu. Ses vêtements s'estompent dans une brume lumineuse qui s'étend, s'écoule en roulant lentement sur le gazon de la clairière et, montant en volutes blanches, enveloppe peu à peu l'assemblée. Au-dessus de ces nuages, les figures de mes bourreaux ont revêtu une expression de joie douce et bienveillante. Mais, bientôt, le brouillard de lumière monte jusqu'à elles. Tout s'évanouit doucement. Il ne reste plus au-dessus de la mer éclatante des nuées que la claire figure de mon sauveur.....

« Oui, c'est toi que j'attendais, ami !

Je te vois et déjà, sous ta douce influence, ont disparu ceux qui m'ont tourmenté. Viens près de moi, figure adorable. Tourne vers moi tes yeux si purs. Parle-moi. Prononce les paroles de paix qui chasseront l'affreux souvenir. Car c'est bien pour cela, n'est-ce pas, que tu es venu ?

Tout à l'heure, dans ma détresse, je t'implorais sans te connaître. Luttant contre le désespoir, ma pauvre âme écrasée se gonflait du désir éperdu de te voir : et tu es venu ! Sois béni, Consolateur !

A présent, je prie, je supplie. Donne-moi la parole de paix, puis souffle sur moi pour que je m'évanouisse dans la douceur du Néant ; car c'est là ce que je demande, tu le sais bien.

Qu'attends-tu, ami tendre ? Déjà tu m'as délivré de ces hommes ; cela ne te coûtera pas de me délivrer aussi du souvenir importun de leurs paroles ; et comment aurais-je la paix sans cela ?

Viens, approche-toi. Regarde-moi pour que je lise dans tes yeux qu'ils m'ont trompé, eux aussi, et qu'il n'y a pas pour moi de souffrance. Pourquoi souffrirais-je?

Tu sais tout, je le sens; alors, tu sais bien qu'ils parlaient des vivants; moi, je suis mort et je ne veux plus que la paix dans la mort.

Donne-la moi, toi qui peux tout et je te bénirai avant de sombrer doucement dans l'abîme infini du repos. Donne-moi la paix, je ne veux plus qu'elle; je n'ai plus le désir de la Vérité.

Qu'attends-tu? Pourquoi restes-tu immobile et les yeux baissés? Tu as pu venir tout à l'heure dès que mon âme t'a demandé; n'as-tu pas aussi le pouvoir de me donner ce que j'implore de toi?

Tu peux tout, je le sais, je le crois; alors pourquoi ne me réponds-tu pas?

Aurais-je mal demandé?..... T'aurais-je offensé? Mais, ô Consolateur, je sais que tu ne connais pas la vengeance. Ai-je trop demandé? Rien que la paix, doux Seigneur, la paix seulement, rien qu'elle! Pas la Vérité, je n'en veux pas!

Que faut-il pour te fléchir?

Que m'apportes-tu donc si tu me refuses la paix par ton immobile silence?

Serait-ce?..... Ah, non!..... Pas cela!..... Aies pitié de moi!..... Ne m'apportes pas la Vérité! Je n'en veux pas, je ne veux rien..... Va-t-en!..... Je le vois à présent, tu vas me torturer, toi aussi, en parlant de Vérité.

Ne dis rien ! Ne me regardes pas !

Toi qui étais venu pour me consoler, laisse-moi dans mon trouble et mon ignorance, éloigne-toi. Je ne veux rien savoir….. Hélas, je sais trop bien ce que tu vas dire !

Je t'en prie, ne me regarde pas, ne dis rien, éloigne-toi ! »

….. La tendre figure s'est lentement tournée vers moi ; son regard a rencontré le mien.

Oh ! Ces yeux que je croyais si doux ! Ce regard ! Trait de feu….. flamme ardente….. Comme ils brillent, comme ils flambent, comme ils me brûlent ! Comme ils grandissent et s'approchent. Plus près, encore plus près ! Plus grands, toujours plus grands !

Je voudrais ne plus les voir, ces yeux terrifiants, mais, dans l'espace infini, il n'y a plus qu'eux. Ils vont me toucher, m'absorber. Non !….. Assez !….. Arrière !….. Pitié !….. Je ne veux pas !….. Et, dans l'infini silence qui m'enveloppe depuis ma mort, j'entends, oui, j'entends la voix épouvantable !! Dans l'aveuglante lumière des yeux horrifiques, quelqu'un crie, hurle et j'entends ces seuls mots :

« Tu ne tueras point ! »

VII

Tout a disparu, je ne vois plus, je n'entends plus, je ne sens plus rien. Seule ma pensée vit intensément ; elle roule, tombe indéfiniment d'une chute effroyable dans le noir, dans le vide. Et je comprends enfin ce qui m'est arrivé depuis que j'ai quitté mon corps.

Ce voyage fantastique dans ces contrées mystérieuses, ce fleuve, cette plaine, ce vallon, ces austères penseurs, tout, jusqu'à ce cauchemar affreux des yeux qui parlent : rêve, illusion ! Rien de tout cela n'est arrivé, n'a existé, pas même la confuse sensation du corps presque retrouvé.

A l'instant où j'ai quitté mon corps, j'ai commencé à mourir ; à présent je suis tout à fait mort. Tout ce rêve atroce n'a été que le graduel et lent passage de mon autre vie dans celle-ci. Les quelques secondes, si j'ose encore parler de secondes, qu'a duré cette hallucination, ont marqué le réveil progressif de l'âme et maintenant, elle est réveillée ; elle vit intensément, infiniment.

Rêve atroce ?..... hélas, qu'il était doux en comparaison de ce que je souffre à présent !

La pensée ne s'est pas réveillée seule : en même temps qu'elle, s'est dressée la conscience vengeresse ; c'est elle qui hurle maintenant à l'oreille de ma pensée, qui la force à marcher dans l'insondable angoisse et qui me torture ainsi.

Moi ?..... Ma conscience ?..... Ma pensée ?..... Mais tout cela, c'est la même chose, c'est moi tout court ! C'est moi qui me fais ainsi souffrir. Ces angoisses, ces tortures, c'est moi-même qui me les inflige.

Mais pourquoi donc souffrir ainsi ? pourquoi penser ? Qui me force donc à penser ? Quelle force inconnue me pousse et marche auprès de moi, me poursuivant ?.....

Auprès de toi, pauvre fou ? Mais qui donc pourrait être auprès de toi ? Il n'y a personne en dehors de toi ! Il n'y a même pas d'« en dehors » pour toi. C'était bon cela autrefois pour ton corps terrestre limité, mais ta pensée n'a pas de limites, elle remplit tout ! Qu'est-ce donc que l'en dehors ?..... Tu es seul, infini, infiniment seul !.....

Hélas, toujours je penserai de la sorte ! Jamais je ne pourrai m'arrêter de souffrir par moi-même ! Oh, c'est trop affreux, c'est impossible !.....

Et pourquoi impossible ? Pourquoi t'arrêter de penser ? Tu parles de l'avenir ? Comme tu es lent à comprendre. Il n'y a pas d'avenir pour toi, laisse cela aux hommes ; toi, tu ne peux connaître le temps, à quoi bon ?..... Tu ne penseras pas : tu penses ! Tu n'as pas été, tu ne seras pas : tu es !.....

Cela t'effraye ? Ce n'est pas assez ; ta peine est insuffisante. Pour la rendre telle que tu dois, débarrasse toi de ce temps que tu ne peux pas plus comprendre que l'espace, et débarrasse toi aussi du mouvement.

Tu crois que tu roules, que tu tombes ! Et

comment te mouvoir puisqu'il n'y a pas d'espace pour toi ?..... Voilà : tu n'es ni dans l'espace, ni dans le temps, ni dans ce lieu, ni partout, ni nulle part : *Tu es.....*, tu penses !.....

Comprends tu maintenant ? Et bien, pense donc, c'est-à-dire souviens toi, car voilà ta fonction, ta vie, ton être !.....

. . . .

Et je me souviens !.....

CHAPITRE II

L'Incendie

I

C'est une toute petite ville assise au bord d'une étroite rivière qui l'enlace dans le demi-cercle d'une de ses boucles. Elle n'a guère plus de cinq cents mètres dans sa plus grande dimension, mais sur cet étroit espace, sont rassemblés les appétits, les convoitises, les espérances, les haines de quelques centaines d'hommes venus de l'autre bout du monde pour y commercer.

Les rues larges coupent à angle droit les pâtés de hautes maisons blanches, tantôt serrées l'une contre l'autre et se prêtant mutuel appui, tantôt se dressant isolées au milieu des terrains vagues où l'herbe pousse sous les détritus et les ordures. Car l'œuvre est à peine commencée bien que les habitants construisent de toutes parts, avec une hâte fébrile, de nouvelles demeures, de nouveaux magasins, comme pour affirmer leur main mise, leur souveraineté sur la terre qu'on leur a prêtée.

Et cette petite ville n'est pas seule assise dans la plaine marécageuse auprès de la rivière étroite qui roule paresseusement ses eaux troublées : d'autres minuscules cités la côtoient, semblables à elle, magnifiquement sillonnées de larges rues, irrégulièrement parsemées de maisons de pierre qui se dressent avec insolence au-dessus des champs, peuplées elles aussi, de commerçants âpres au gain, ardents à la lutte. Il y a là trois petites, très petites villes.

Elles semblent sœurs et sont rivales, car elles se rangent sous la symbolique protection de drapeaux différents. Sans vouloir comprendre que leur union les rendrait forts, les habitants s'ingénient à doubler leur diversité de races et de langages par la rivalité de leurs intérêts commerciaux et la haine qu'engendrent leurs luttes religieuses. Jaloux les uns des autres, ils n'ont pas voulu s'unir pour la curée matérielle et morale du pays où ils se sont installés.

C'est qu'en effet, ces petites villes ne sont pas chez elles : on les a transplantées des confins du monde sur cette terre étrangère. Elles sont des conquérantes qui se carrent dans leur conquête et regardent avec mépris et convoitise leur grande voisine indigène qui les touche de ses faubourgs. Celle-ci les écrase de sa taille colossale et de son million de citoyens.

Orgueil et richesse d'un grand pays, elle s'était autrefois protégée par l'enceinte rectangulaire d'épaisses murailles, mais sa population a crû de jour en jour et la cité a débordé hors de ses murs de briques et de terre battue. Elle s'est répandue dans la plaine et pousse en troupe serrée les petites maisons basses de ses faubourgs sur les berges de la rivière, jusqu'aux orgueilleuses demeures étrangères. Il n'y a ici ni vieilles reliques, ni traditions antiques, aucun effort ne se fige dans l'indolente contemplation du passé, il n'y a ici que du labeur, père de la richesse. Moins grande et moins riche autrefois que sa splendide voisine, résidence du demi-dieu, sanctuaire où se conserve le souvenir des anciens âges, elle a tant travaillé, tant grandi qu'elle a surpassé la Capitale dont les maisons ruinées sont recouvertes et reconquises par l'herbe des champs nouveaux.

L'autre, c'est l'idole des temps anciens, celle-ci, c'est la reine des temps modernes, c'est Tien-Tsin. Les trois petites villes tassées au bord de la rivière, collées au faubourg de la cité, les trois petites villes orgueilleuses qui, jalouses les unes des autres, n'ont de commun que l'envieuse convoitise des richesses de leur voisine, les trois petites étrangères qui commercent hypocritement avec la grande ville

en attendant l'heure de la curée, les trois parasites :
ce sont les Concessions Etrangères.

Entre les deux agglomérations, entre les deux
sociétés, il semble que la paix aurait toujours dû
régner. Les Occidentaux n'étaient-ils pas venus avec
des paroles de miel affirmer leur désir de vivre
pacifiquement par le commerce ? Simples et crédu-
les, soucieux seulement de prospérer à l'abri de la
haine et de la violence, les indigènes ont accueilli
les étrangers avec affabilité, les échanges se sont
multipliés et tous ont vécu dans l'abondance.

Avec une curiosité sympathique, les habitants ont
d'abord étudié le progrès matériel dont les hommes
d'Occident étaient les représentants. Ils ont écouté
leurs paroles de paix et de concorde ; mais ils ont
bientôt découvert l'hypocrisie de ces gens qui
venaient de loin pour vendre des canons et des
fusils en proclamant la fraternité et l'amour uni-
versels ; et la défiance est survenue.

Puis la défiance a fait place à la haine lorsque les
étrangers, la bouche pleine de menaces et d'invec-
tives, ont osé réclamer le paiement des offenses
faites à ceux d'entre eux qui parcouraient le pays en
prêchant justement le pardon et l'oubli des offenses.
La haine et le mépris ; car les habitants, natu-
rellement pacifiques, n'ont pu comprendre que le
principal souci de ces hommes qui se disaient frères,
fut de leur enseigner leurs méthodes de massacre et

de se nuire les uns aux autres par la concurrence déloyale, le mensonge et la calomnie. Ils n'ont pas pu comprendre que ces étrangers qui leur prêchaient la vérité de l'amour, pratiquassent en même temps le mensonge de la haine et de la vengance. Ils n'ont pas pu comprendre qu'en leur prêchant le mépris et le détachement des biens de ce monde, ces mêmes étrangers fissent du commerce pour s'enrichir hypocritement.

Quand la défiance, la haine, le mépris ont été à leur comble, une étincelle a jailli, provoquée par de pauvres fanatiques affamés et la guerre a éclaté : une des plus petites par les efforts qu'elle a occasionnés, une des plus ignobles par la bassesse de ses causes premières et les horreurs qu'elle a déchaînées.

II

La guerre sévit sur la grande ville devenue l'ennemie des concessions étrangères.

Hier, l'ardent soleil de juin n'éclairait que les scènes riantes de la vie d'une cité laborieuse. Dans les ruelles étroites de la ville chinoise comme dans les larges voies des concessions, une foule bigarrée s'agitait dans la lumière, la poussière et le bruit. Des milliers de brouettes haletant sous la poussée de leur conducteur, gémissant sous le poids des riches marchandises, passaient en grinçant entre les groupes affairés et devant les étalages en plein vent d'où les marchands chassaient les mouches à grands coups d'éventail. Largement ouvertes sous les enseignes de laque noire aux lettres d'or, les baies des magasins laissaient voir à la foule des acheteurs, derrière les amoncellements de soies, de fourrures, de cotonnades, de riz, de thé, des milles fruits de la terre ou de l'industrie humaine, les torses vigoureux des marchands à demi-nus. Entre les jambes des promeneurs, sous les tablettes des vendeurs ambulants, dans les ruisseaux, sur les tas d'ordures, dans la fange et la poussière, des enfants déguenillés jouaient et se poursuivaient les uns les autres avec de grands cris perçants.

Dans la foule, si nombreuse, si pressée, qu'elle semblait battre les murs des maisons pour les faire reculer, chacun s'écartait pour laisser passer la petite voiture qui, traînée par un homme vigoureux, portait l'étranger vêtu de blanc, à demi étendu dans une pose nonchalante et dédaigneuse. Dans le sillage du véhicule, couraient à perdre haleine, les petits enfants pressés de jouer, les mendiants insolents et pleurnicheurs, les marchands obséquieux et bruyants. Dans l'air pur, surchauffé par un soleil de feu, montait une clameur confuse, voix de l'immense ruche bourdonnant dans la pleine allégresse du travail.

Aujourd'hui, le silence règne dans la cité murée. Toute la foule si animée d'hier s'est évanouie et se cache dans les maisons. Il semble qu'un ordre a été donné, car toutes les boutiques sont closes et leurs longues enseignes noires pendent sur la désolation des rues désertes. Une menace épouvantable doit peser sur la ville, où les chiens et les porcs se promènent affamés et fouillent à leur aise dans les immondices étalées. Devant les quatre portes monumentales qui trouent les épaisses murailles et devant les demeures des gros fonctionnaires seulement, on remarque une animation étrange pour cette ville depuis si longtemps pacifique : des groupes nombreux de soldats vêtus de bleu, leur épaisse natte de cheveux noirs soigneusement enroulée sous un turban blanc, y stationnent. Dans la cité, dans les camps qui sont au nord des faubourgs, dans les arsenaux, les poudrières, les forts construits à l'européenne qui parsèment la banlieue, ils sont quinze mille : ce sont les soldats impériaux.

Les sentinelles placées près des portes regardent avec complaisance une foule bizarre, composée d'individus dépenaillés qui, la tête couverte d'une loque rouge, parcourent les faubourgs en hurlant des menaces de pillage et de mort. Ces fanatiques, ces *Boxers*, affluent de la campagne environnante et remplissent d'alarme la grande ville, amie de l'ordre et de la paix. Ils sont là trente mille faméliques, assoiffés de vengeance et de meurtre. Depuis plusieurs mois, leurs chefs se sont dispersés dans les provinces du nord de l'empire pour recruter ces étranges soldats qu'ils excitent contre les étrangers, cause de la famine et des malheurs sans nombre dont le ciel accable la race élue. Par bandes nombreuses, armés de sabres recourbés et de lances de bambou, ils suivent en chantant les rues des faubourgs où leur apparition fait le vide et viennent battre tumultueusement les portes des murailles gardées par les soldats qui les pourchassaient hier, et qui, demain, seront leurs alliés. La conversation s'engage entre les bandes de Boxers, hystériques détraqués par l'opium, fous furieux, paysans affamés des contrées maritimes, féroces bandits de la montagne et les soldats du Fils du Ciel, rebut de la population, échappés de prison, voleurs de grand chemin, gibier de bagne et de potence.

Combien est étrange cette conversation entre ces bandes vociférantes et ces groupes de gardiens silencieux ! Les Boxers, hantés par le désir de la vengeance et du pillage, savent que derrière les murs, se trouvent rassemblées les richesses de ces bourgeois, de ces gavés, de ces repus dont le bien mal acquis provient du commerce infâme avec les diables étrangers. Ils veulent, avant de se ruer sur les Concessions pour y effacer par le fer et par le feu jusqu'au souvenir de ces diables, détruire dans la cité les traîtres à la cause nationale et se gorger d'or et de sang. Ils se croient invincibles par le nombre et surtout, invulnérables par leurs vertus.

S'ils se sont arrêtés sans combattre pour parlementer avec leurs frères en uniforme, c'est par scrupule de commencer l'œuvre de vengeance par ceux qu'ils sentent confusément animés du même zèle destructeur.

Les plus jeunes, les plus hardis, les plus exaltés se sont détachés de la masse grouillante et viennent en dansant jusqu'à quelques mètres de la porte au-dessus de laquelle se penchent, menaçants, les fusils des gardiens. A grands cris perçants qui dominent le tumulte, ils interpellent les soldats et, par des injures amicales, les provoquent ironiquement à éprouver leurs armes contre leurs poitrines invulnérables qu'ils découvrent largement. Puis, comme les fusils restent silencieux, pour prouver leur pouvoir surnaturel, ils feignent de se battre entre eux ; ils se portent de grands coups de lance ou de sabre, hurlant à la face du ciel qu'ils invoquent, leur haine des étrangers et l'horrible châtiment qui menace ceux qui feront obstacle à l'œuvre sainte.

Cachés derrière les parapets, les soldats observent silencieusement cette scène de tumulte sauvage. Ces boxers, ils les connaissent déjà : aux étapes, dans chaque village qu'ils ont traversé pour venir jusqu'ici, ils ont vu les exercices et les jeux de ces étonnants gymnastes qui jonglent avec la mort, et s'ils ont été troublés, du moins un peu de scepticisme leur reste à l'endroit de cette invulnérabilité qui doit cacher quelque supercherie. Il y a quinze jours, plusieurs régiments ont été envoyés à Tcho-Tchéou combattre des boxers qui s'y étaient réunis en grand nombre pour détruire le chemin de fer et courir sus aux chrétiens. Aux premiers coups de feu, ces fanatiques s'étaient élancés contre la troupe avec une allure si intrépide, dansant, chantant, brandissant avec une telle arrogance leur lance de bambou et leurs sabres recourbés, qu'une sainte terreur s'était emparée des « Braves ». Ils s'étaient enfuis d'une course éperdue, laissant quelques-uns d'entre eux, les moins agiles, sur le terrain.

Mais un doute leur restait ; beaucoup de soldats s'étonnaient que leurs armes perfectionnées n'eussent pas abattu quelques-uns de ces fous qui étaient venus vers leurs rangs avec une si grande témérité.

Les Boxers prétendaient bien que les balles et même les obus traversaient leurs corps sans y laisser blessure ni trace ; mais, c'était si étonnant !..... Ils disaient aussi que le Fils du Ciel leur avait donné la permission de massacrer les étrangers et que le prince Tuan, ami de la glorieuse impératrice, était leur chef. Cependant, les maréchaux qui avaient conduit les troupes au combat l'autre semaine, disaient, eux aussi, obéir à des ordres de Pékin !.....

Et l'esprit des soldats flottait dans une grande et craintive perplexité.

Tout à coup, dans la cohue qui se presse devant la porte du Nord, le silence s'établit, solennel et religieux. On n'entend que la faible rumeur des bandits qui assiègent au loin les autres portes et l'actif bourdonnement des mouches qui volent en sarabande au-dessus des ordures. La foule des danseurs et des faux combattants s'est légèrement écartée du rempart et forme, à quelque trente pas en arrière, un demi-cercle dans le centre duquel deux hommes en guenilles continuent seuls à danser leur étrange pyrrhique. L'un d'eux, un tout jeune garçon maigre et long, cesse au bout d'un instant tout mouvement et se tient immobile, tourné vers les soldats curieux, la face illuminée par l'enthousiasme de ses yeux noirs aux paupières bridées. Le second, un petit vieillard tout couvert de rides, agite en l'air un sac et un gros pistolet d'un modèle suranné qu'il montre de loin aux spectateurs. Il prononce les paroles emphatiques et insinuantes avec lesquelles les vendeurs ont coutume de vanter leurs marchandises, puis, avec des précautions comiques et minutieuses, il se met en devoir de charger son arme. Il prend dans le sac qu'il élevait en l'air, de la poudre dont il clame les foudroyantes qualités, il la verse dans le canon, la tasse avec un tel sérieux que, derrière les parapets, les soldats effrayés s'apprêtent à la riposte.

La bourre et la balle sont placées avec une lente précision. L'arme haute, le vieux s'approche du pied des murs et crie à tue-tête le miracle qui va s'accomplir.

Un formidable éclat de rire salue sa péroraison. Rassurés, les soldats, après avoir déchargé leurs fusils, s'assoient sur le rempart, les jambes pendantes au dehors, criant, riant, gesticulant, soucieux seulement de ne rien perdre du spectacle qu'on leur a préparé avec tant de soin. C'est une farce évidemment, car, si l'arme est bien chargée, le Boxer a négligé de l'amorcer et les soldats rient à l'idée que la mèche est déjà éventée.

Mais le vieux s'est retourné sans s'inquiéter des quolibets qu'on lui jette ; il se dirige à petits pas vers le jeune garçon qui entonne à son approche une rude et sauvage mélopée par laquelle il exalte les vertus des purs qui sont invulnérables et gagnent la gloire immortelle. A deux pas de son compagnon, le vieillard s'arrête et, se retournant vers le rempart, il amorce ostensiblement son pistolet. Cette fois, les soldats se taisent dans l'attente d'un drame sans supercherie.

Au milieu du silence angoissant, le vieux a pris son compagnon par le bras et tous deux s'avancent d'un air solennel vers la porte, à quatre pas de laquelle ils s'arrêtent. Ils sont si près qu'on pourrait les entendre murmurer et surprendre le moindre de leurs gestes. Avec une lenteur énervante, le vieux applique le canon de son arme sur la tempe gauche du jeune garçon ; quelques secondes s'écoulent ; une forte détonation retentit et les soldats aperçoivent avec stupeur, dégagée du nuage de fumée, la maigre figure exaltée du jeune patient qui, sans blessure, reprend son rude chant de gloire.

A la vue du miracle, la foule s'enflamme d'enthousiasme et se précipite sur la porte, poussant de féroces acclamations, invectivant les gardiens trop lents à ouvrir. En un instant, toute la troupe s'engouffre sous la voûte obscure, entraîne avec elle les soldats, trop heureux de cette occasion pour quitter les rangs, et se répand tumultueusement dans la ville où elle va commencer l'œuvre de vengeance par le pillage et l'incendie des maisons amies de l'Étranger.

III

Alors commence le premier d'une longue série de jours d'angoisses et de terreurs !

Ce soir, les bandes de fanatiques et de soldats, maîtresses de la ville et des faubourgs, préluderont à l'attaque des concessions par l'incendie solennel de l'église catholique qui s'élève sur le quai de la rivière, entre le fort de la Boucle et la résidence du vice-roi.

Incendie symbolique ! Sous le ciel pur, où l'éclat

des étoiles s'obscurcit devant les longs jets de flamme, accroupis dans la boue tout autour de l'édifice qui brûle en éclairant les murs noirs du fort et les flots sombres de la rivière, les Chinois contemplent la destruction du temple révéré des étrangers, de la demeure où l'on proclame l'indigne morale d'Occident que personne ne suit, pas même ceux qui l'enseignent. La chute de l'église, trop longtemps protégée par un édit arraché à la faiblesse impériale, marquera le commencement d'une ère nouvelle où, seuls maîtres de la terre qui leur appartient, les Fils du Ciel vivront en paix sous la saine doctrine. Avec l'église, va disparaître pour jamais la domination exécrée de ces odieux imposteurs dont le règne s'appuie sur des paroles d'amour et des actes de haine. Libres enfin sur une terre libre, les Chinois oublieront la science impie et sacrilège des étrangers et retourneront pour toujours sous le joug de leur loi sainte, la seule vraie parce qu'elle repose sur l'amour de la famille et du souverain, père du peuple, la seule possible parce que quatre cents millions d'âmes la suivent depuis vingt-cinq siècles, sincèrement et sans efforts.....

Dans le petit enclos qui sépare l'église du fort, des croix se dressent et marquent la tombe de quelques Européens que la vengeance du peuple atteignit il y a trente ans. Leur affreux martyre n'a pas servi de leçon à leurs compatriotes : tout le monde a plaint les malheureuses victimes innocentes, mais personne n'a voulu comprendre qu'on provoquerait infailliblement les mêmes colères et les mêmes horreurs en persévérant dans les actions qui les avaient déchaînées. Et voilà qu'après trente ans, la colère et la haine ont de nouveau soulevé ce peuple pacifique. Avec une joie féroce, toute cette foule regarde l'incendie faire son œuvre. De vibrantes acclamations retentissent à chaque pan de mur qui s'écroule, à chaque fenêtre qui éclate sous la poussée du feu intérieur et laisse échapper une épaisse fumée sillonnée d'éclairs aveuglants. Au moment où la toiture s'effondre avec un grand bruit sourd, tandis qu'au-dessus de l'édifice s'élève une gerbe imménse d'étincelles projetant au loin dans la nuit leur lueur sinistre, le délire s'empare des spectateurs qui entourent le monument d'une ronde infernale. Chacun apporte à l'œuvre commune sa part de fagots, de paille, de pétrole pour grandir encore le bûcher triomphal.

Le petit cimetière est envahi. Quelqu'un renverse par mégarde une des petites croix, un autre l'imite volontairement, puis plusieurs. Des voix s'élèvent dans le tumulte et rappellent au peuple comment sont morts ceux qui dorment là. Aussitôt, à la clarté de l'église en flammes, la foule se rue sur le champ de repos, brise les pierres, arrache et tord les petites croix de fer. Des haches, des pelles, des pioches se trouvent là, apportées on ne sait par qui ; en un instant, les cercueils à demi-pourris sont remontés à la surface et les ossements qu'ils contiennent encore, promenés à travers la foule au milieu des injures furieuses, sont jetés à la rivière sombre qui se referme sur eux, tandis que leur chute est saluée par des cris de frénétique allégresse.

Du haut des terrasses des Concessions, les étrangers observent de loin l'incendie. Le bruit affaibli des acclamations et des cris de joie arrive jusqu'à leurs oreilles à travers le silence de la nuit paisible. Là-bas, la foule crie et chante dans la joyeuse ivresse que causent les prémices de la victoire ; ici, quelques groupes d'Européens silencieux et moroses songent avec crainte à la guerre dont le premier acte est commencé et qui leur apporte son cortège ordinaire de ruines, de souffrances et de morts.

La lueur de l'incendie embrase tout le nord de l'horizon et les toits innombrables de la ville chinoise. Dans l'ombre qui s'étend à l'ouest sur les faubourgs et sur la plaine, des files de lanternes rouges piquent la nuit et se déplacent en serpentant. Elles éclairent les lugubres processions de Boxers en quête de carnage et de butin. Les plus proches se sont avancées jusqu'aux maisons closes de la plaine, à quelques centaines de mètres à peine des Concessions, et l'on entend distinctement le cri de meurtre qui scande par intervalles leur marche rapide.

Devant ce spectacle, chacun tremble à l'idée qu'une fois leur œuvre terminée dans la ville, ces bandes fanatiques s'abattront, avec la complicité secrète de l'armée impériale, sur les faibles Concessions mal protégées par une garnison dérisoire, venue de la mer à la hâte et qui ne compte pas deux mille fusils. Quelle angoisse et quelle terreur, si ces Européens savaient que, demain, les autorités indigènes et les troupes régulières, avec leurs milliers de fusils et leurs canons perfectionnés, feront cause commune avec les Boxers !.....

Sur la terrasse d'une des plus hautes maisons de la Concession française, quatre hommes observent la marche capricieuse et sautillante des lanternes rouges.

Il y a là un commerçant et un fonctionnaire qui habitent la Concession depuis de longues années, et deux officiers en uniforme blanc qui sont arrivés dans la journée avec leur troupe. Le commerçant, large et ventru, montre du doigt aux officiers attentifs les points importants de l'immense agglomération qu'on devine à peine dans la nuit sombre. Il fume un cigare de prix dont la lueur éclaire par instants sa grosse figure rouge apoplectique ; il parle par petites phrases essoufflées :

— « Dans vos jumelles, vous voyez ?..... à droite de l'incendie, un gros pâté noir ?..... c'est le fort de la Boucle. A gauche, c'est le yamen du vice-roi ;

mais vous ne pouvez pas le voir. Les toits sont trop bas et se confondent avec les maisons voisines..... Grosse affaire que ce fort ! Situé au bord de l'eau et garni d'une double enceinte bétonnée..... si jamais il fallait le prendre de force, vous y laisseriez beaucoup de monde. »

— « Oh ! dit en riant le plus grand des deux officiers, on nous a dit que l'armée impériale était notre alliée. Mais si vraiment, on doit se battre avec elle, ce ne sont pas nos cent trente marins qui pourront faire grand chose et l'on nous enverra des renforts du dehors. »

— « N'y comptez pas avant longtemps, répond le gros commerçant, les Boxers nous couperont le chemin de fer de la mer, comme ils ont coupé celui de Pékin. Les forts de Takou sont solides et bien gardés, et..... »

— « Allons donc, interrompt le fonctionnaire, un petit homme blond dont la figure énergique se distingue à peine dans l'ombre, les soldats réguliers gardent le chemin de fer contre les entreprises des Boxers ; ces messieurs les ont vus aujourd'hui. Notre gare elle-même est protégée par une compagnie d'infanterie chinoise. Quant aux forts de Takou, le vice-roi leur a défendu tout acte d'hostilité. »

Mais le gros commerçant n'est pas convaincu et son pessimisme résiste encore.

— « Alors pourquoi, dit-il, les autorités laissent-elles brûler sous leurs yeux notre cathédrale ?..... à deux pas d'un fort gardé par des soldats qui sont, paraît-il, nos alliés ?..... Croyez-moi, messieurs, cette nuit, nous voyons leurs torches; demain, nous entendrons leurs canons et leurs fusils. »

— « Tant mieux, riposte le fonctionnaire aux traits énergiques ; si les soldats impériaux s'en mêlent, nos troupes les rosseront presque aussi facilement que les Boxers et nous en profiterons, à la signature de la paix, pour nous donner de l'air, agrandir notre concession qui devient trop petite et refouler les Chinois sur leur propre territoire. Et pour commencer, messieurs les officiers, voici la besogne qui vous attend demain : Dans la matinée, nous mettrons à la porte tous les Chinois qui habitent notre faubourg et, dans la journée, vous brûlerez leurs maisons; peut-être y trouverez-vous des vivres qu'il sera bon de prendre si, par hasard, nous devions subir un siège un peu long. Plus tard, si tout va bien, nous tracerons par-là un large boulevard. Les Anglais en pâliront de jalousie !..... »

Cette joyeuse idée le fait éclater d'un rire sonore.

— « Ces Chinois que nous chasserons demain, demande un des officiers, doivent être fortement compromis aux yeux des Boxers ?..... Qu'en ferons-nous, une fois leurs maisons détruites ? »

— « Ma foi, répond le petit fonctionnaire, peu vous importe, n'est-ce pas, et à moi aussi. Qu'ils aillent se faire pendre ailleurs, ce ne sera pas une bien grosse perte ! »

— « Sont-ils nombreux ? »

— « Bah ! comment le savoir avec ces gens-là ? peut-être quelques milliers !..... »

IV

Pendant que s'éteignent lentement les ruines fumantes de l'église ; que les Boxers poursuivent leur vengeance par l'incendie des maisons amies de l'étranger dont les habitants sont massacrés ; que les soldats réguliers s'apprêtent au combat, arment les forts, ébauchent leurs premières tranchées et leurs premières barricades ; que les arsenaux de la banlieue, remplis d'une foule affairée, expédient, avec une hâte fébrile, aux troupes et aux batteries les dernières munitions dont elles ont besoin, la faible garnison européenne organise la défense des Concessions avec le conseil des habitants et sous la direction des autorités. Quelques tranchées sont creusées devant la gare que les soldats chinois ont subrepticement évacuée au jour levant ; des barricades formées avec des balles de coton sont commencées à l'ouvert des grandes rues ; mais l'œuvre principale, celle devant l'importance de laquelle tout autre semble s'effacer et devenir inutile, celle qui absorbe pour le moment toute l'attention et tout le soin de ces civilisés, c'est l'incendie du faubourg chinois.

Ce faubourg de la Concession française en occupe tout le côté ouest sur une longueur d'environ cinq cents mètres. Il est composé d'une masse confuse de petites maisons aux murs de torchis, couvertes en bois et séparées par d'étroites ruelles enchevêtrées où grouille, en temps ordinaire, la foule bruyante des Chinois qui vivent là, sous la protection des étrangers.

Dès le matin, un cordon de sentinelles s'installe dans la longue rue qui sépare le faubourg chinois du quartier européen, autant pour éviter que quelque Boxer incendiaire ne se glisse dans l'intérieur de la Concession que pour empêcher les habitants d'y chercher un refuge. Toute la population est sur pied et se démène activement entre les maisons et les véhicules de toutes sortes qui stationnent dans les ruelles. Tablettes sacrées des ancêtres, meubles, vêtements, bijoux, sacs de riz, tout ce qui peut se transporter, tout ce qui faisait la richesse, la joie, la consolation de ces pauvres gens, s'entasse sur les brouettes à grande roue et les charrettes à moitié disloquées. Une à une, les maisons ferment leurs lourds vantaux et se plongent dans un morne silence tandis que, derrière les voitures chargées à se rompre, marchent péniblement les femmes aux pieds déformés, tirant par la main les petits enfants qui regardent de leurs yeux insouciants le désordre de la rue et s'amusent innocemment de ce tumulte inaccoutumé. Le père de famille marche en tête et dirige le cortège à travers la foule qui remplit les ruelles tortueuses, s'arrêtant à chaque instant pour attendre les femmes que l'encombrement du chemin et leurs pieds débiles empêchent de suivre. Il attend silencieusement que tous les siens soient de nouveau rassemblés, et, sans oser jeter un regard sur ces innocents qui n'ont que lui pour défense et pour soutien, il reprend sa marche, faible, timide, désorienté, la tête baissée comme un coupable.

Où aller?..... Que faire?..... Que devenir?.....

Les autorités suspectent trop les Chinois qui vivaient dans les Concessions pour permettre à toute cette foule l'accès de la cité murée, d'ailleurs infestée maintenant de pillards. Les Boxers qui remplissent les faubourgs sauront bien reconnaître que les tristes émigrants viennent de chez les diables étrangers ; ils ne feront pas grâce. Se dissimuler dans la foule en abandonnant la charrette, c'est mourir de faim le lendemain. Traverser les avant-postes des soldats impériaux qui ne valent pas mieux que les Boxers, c'est les voir se ruer au pillage de tout ce que l'on emporte, et que deviendront les enfants dans la bagarre? Chercher refuge sur les jonques qui sont ancrées dans le grand canal? Mais elles ne sont pas à l'abri des attaques de tous ces bandits, les autorités les empêcheront de partir et, d'ailleurs, elles doivent être encombrées déjà, chargées à couler bas. S'enfuir dans la campagne ? Mais il n'est pas à vingt lieues à la ronde un village qui ne soit pillé, incendié, rasé, ou à la veille de l'être ; et comment les femmes feront-elles vingt lieues à pied dans la plaine inondée ? Se réfugier chez les Européens ? Mais leurs soldats l'ont défendu avec leurs longues baïonnettes. Rester à la maison, c'est mourir brûlé d'une mort atroce.....

Où aller ?..... Que faire ?..... Que devenir ?.....

L'esprit vide, sans pensée, le malheureux continue machinalement à guider vers les misères et les tortures inconnues la triste caravane qui s'éloigne pour toujours du foyer condamné. Les femmes résignées qui ne pensent qu'à la marche douloureuse pour leurs jambes estropiées et les petits enfants qui commencent à pleurer de peur et de faim suivent en cortège lamentable.....

Qu'ils aillent se faire pendre ailleurs ! Que nous importe si, plus tard, nous sommes plus à l'aise et pouvons montrer avec orgueil un nouveau et large boulevard ?..... Oui, que nous importe où ils vont ? Que nous font les misères, les tortures que vont subir à cause de nous ces milliers d'innocents qui avaient foi dans nos promesses et croyaient vivre plus tranquilles en vivant sous nos lois ? Séparées du mari, du père, du frère, les femmes iront périr misérablement, recroquevillées contre un tas d'ordures qui leur donnera, pour leurs derniers instants, un peu de sa chaleur fétide pendant le froid des nuits pluvieuses ; les petits enfants, piétinés dans la cohue, seront jetés à l'eau par quelque malandrin qu'ils gêneront dans sa course, ou dévorés par les porcs et les chiens affamés ; l'homme, balloté en tous sens par la foule hostile, dépouillé, lapidé, finira son martyre sous les coups de lance : que nous importe ?.....

Oui, que t'importait à toi qui ne voulais voir alors dans cette atroce destruction que l'opération banale et correcte permise à tout militaire ; comme si les soldats avaient plus que les autres le droit de violer de sang-froid toutes les lois divines et humaines ?...

Qu'en pense-tu maintenant, incendiaire ?.....

V

L'évacuation du faubourg est chose faite et laisse le champ libre aux incendiaires. Il n'y a plus qu'à se mettre à l'œuvre et faire joyeusement flamber ces maisons de torchis et de bois. Mais auparavant, il est bon de détruire spécialement la très vieille pagode chinoise qui s'élève en pleine concession comme un hideux furoncle sur une nuque vigoureuse et pleine de santé.

« Le moment est propice ! Puisqu'ils ont brûlé

notre cathédrale, détruisons leur sanctuaire vénéré ! »

« Ils », ce sont les Boxers, des fous superstitieux, des ignorants, des affamés. « Nous », ce sont des européens gras et bien nourris, qui se targuent de leur science, se déclarent avec emphase affranchis de tout préjugé ridicule et méprisent secrètement la religion pour laquelle ils sont venus combattre ici.

« Pour mieux souligner notre intention vengeresse et marquer ainsi devant ces sauvages notre civilisation plus avancée, nous réserverons le banal pétrole pour les vulgaires maisons et ne toucherons au temple qu'avec la dynamite !..... »

Stupide et puérile vengeance qui n'a laissé à ses ouvriers qu'un seul regret, celui d'avoir trouvé l'antique pagode déjà pillée par de plus habiles voleurs qu'eux !.....

..... La petite troupe sort de ses logements et, sous un soleil de feu, se dirige vers l'endroit choisi pour le commencement de l'exécution. C'est une grande place, une sorte de terrain vague qui laisse à découvert un large espace entre les dernières rangées de maisons européennes et les masures chinoises qui bordent la rivière. D'un coin de cette place partent en éventail plusieurs petites ruelles qui s'enfoncent en serpentant dans la masse confuse du faubourg pour rejoindre, à quelques centaines de mètres de là, le territoire chinois. C'est là que sera plus tard l'amorce du nouveau boulevard et c'est là que doit commencer l'affreuse exécution.

Six hommes se détachent en avant de la troupe et, le fusil en arrêt, le doigt sur la gachette, s'engagent dans les ruelles pour protéger le travail de leurs camarades. A mesure qu'ils avancent, quelques portes s'ouvrent et livrent passage à des chinois chargés de ballots, qui s'enfuient pleins de terreur à la vue des uniformes blancs. Effrontés pillards qui prélèvent leur dernier butin sur les maisons moribondes ou timides ouvriers qui cherchent encore à sauver quelque parcelle de leur bien ?..... Nul ne le sait. D'ailleurs, ils se sauvent avec tant d'empressement qu'ils ne méritent pas, comme disent les soldats éclaireurs, qu'on leur fasse l'honneur d'un coup de fusil.

Le cordon de protection établi dans les ruelles silencieuses et désertes, chacun se met à l'œuvre. Les officiers visitent les maisons dont les portes cèdent sous les coups de crosse et désignent celles par lesquelles on commencera. La première dans laquelle on entre, demeure chancelante, décrépite, nauséabonde de quelque famélique vannier, est pleine de roseaux et de fagots de sorgho ; c'est une chance de trouver du premier coup un si bon aliment pour le feu !..... Deux ou trois bûchers adossés aux cloisons de bois, un bidon de pétrole vidé sur le tout, et les travailleurs vont un peu plus loin préparer de même la toilette lugubre des autres condamnées.

La besogne est si facile et si agréable à faire qu'en un quart d'heure, tout est prêt. Les incendiaires puis leurs sentinelles sortent rapidement du faubourg après avoir allumé chacun de petits bûchers, et la troupe se reforme sous les maisons européennes pour attendre le résultat. Sous l'impassible soleil qui surchauffe implacablement les toits de tuiles et la place empoussiérée, de lourdes minutes s'écoulent dans le silence, et dans le cœur de ces hommes attentifs et muets, alignés dans l'ombre des hautes maisons de pierre ; une crainte angoissante s'élève soudain..... celle d'avoir mal travaillé et d'avoir maladroitement manqué leur coup.

Enfin, au-delà de la grande place, dans les masures préparées tout à l'heure, on entend naître et grandir un léger crépitement ; puis un ronflement sourd s'élève, renforce le premier bruit, semble lutter avec lui, le surpasse et remplit bientôt l'air d'une sorte de clameur confuse, semblable au bourdonnement de millions d'abeilles en furie. La détonation brusque d'un bidon de pétrole oublié s'ajoute au sinistre concert, suivie presque aussitôt d'une longue flamme bleuâtre qui fuse en jet de lance par la lucarne d'une des maisons. Trois ou quatre masures aux murs disjoints laissent déjà suinter de petits flocons de fumée blanchâtre qui roulent lourdement, se rejoignent et forment bientôt à la hauteur des fenêtres un large bandeau par dessus lequel on voit s'entr'ouvrir soudainement les tuiles rouges d'un toit. Par la fente, s'élance un épais nuage gris qui s'élargit, s'apesantit sur les maisons, illuminé çà et là de brusques éclairs. Puis, tout à coup, au milieu du bruit causé par l'effondrement d'un mur, une flamme claire, large, intense, jaillit en sifflant, s'élève et darde ses pointes capricieuses vers l'azur du ciel impassible.

L'opération bien menée est bien réussie; sans plus attendre, la petite troupe s'éloigne pour recommencer autre part la même besogne. D'ailleurs, les progrès rapides de l'incendie ne se distinguent bientôt qu'au bruit plus violent; un nuage énorme de poussière et de fumée s'élève devant les maisons et cache aux yeux toute cette partie du quartier. Il cache aussi d'autres flammes et d'autres nuages de fumée qui jaillissent au bout des ruelles tout près du territoire chinois. Ce sont les Boxers qui, de leur côté, commencent à brûler le même faubourg qu'on leur a livré sans défense et qui viennent ainsi, sans le vouloir, en aide aux incendiaires européens. S'il était possible d'oublier un moment le dégoût dont le cœur se soulève à la vue de ces abominations, on ne pourrait s'empêcher de sourire de mépris en voyant deux adversaires qui, cherchant à se faire mutuellement du mal, commencent par s'acharner sur le même tiers innocent.

A la fin de l'après-midi, les foyers allumés en différents endroits de la rue qui sépare la concession de son faubourg sont en pleine activité. Les premiers ont même progressé si rapidement qu'en gagnant de proche en proche les maisons de torchis et de bois, ils se sont rejoints et forment à présent, sur plusieurs centaines de mètres, une infranchissable barrière de feu qui crépite, siffle et ronfle bruyamment. Le faubourg entier se couvre au-dessus des flammes d'un épais manteau gris, illuminé de millions d'étincelles. A la chaleur accablante du jour, s'ajoute celle brûlante, suffocante de l'incendie. C'est à tâtons qu'à travers le nuage opaque, les yeux brûlés par les éclairs, la gorge torturée par l'odeur du bois calciné, les soldats se dirigent péniblement dans les ruelles jonchées d'ordures et de débris enflammés, portant avec précaution leur provision de pétrole et protégeant instinctivement de leurs mains leurs poches de cuir pleines de cartouches. Ils font par le sud le tour du faubourg pour visiter les maisons les plus à l'ouest, afin d'activer, si besoin est, les progrès du feu. La figure animée, joyeuse, leur uniforme un peu débraillé, ils marchent dans l'excitation produite autant par le bruit que par leur travail violent, et n'observent plus qu'à demi la rectitude de mouvements et le silence dont leurs chefs se montraient si fiers la veille encore.

Dans la cour d'une grande maison, la petite troupe

découvre tout à coup un troupeau d'une dizaine de
bœufs que le propriétaire n'a pu emmener dans la
précipitation de la fuite. Les pauvres bêtes, affolées
par l'odeur et le grondement violent de l'incendie, à
demi suffoquées par la fumée qui commence à
envahir la cour, beuglent lamentablement en allongeant le cou et se serrent peureusement contre la
grande porte d'entrée. En quelques instants, malgré
leurs mouvements désordonnés, les bœufs sont pris,
entravés, conduits dans la rue et, comme l'heure
s'avance, que la faim commence à se faire sentir
après une après-midi d'actif travail, la troupe se
reforme pour escorter son heureux butin jusqu'au
cantonnement.

VI

Dans la grande rue-frontière que suivent les soldats escortant leur convoi, se trouve un ensemble
de vastes bâtiments entourés d'un haut mur d'enceinte. On y enseigne à de nombreux étudiants
indigènes la science médicale des Européens. Bien
que les professeurs soient des étrangers, cette école,
dirigée par des docteurs chinois, appartient au gouvernement impérial et se trouve bâtie toute entière
en dehors du territoire concédé. Les soldats nouvellement arrivés dans la concession y ont installé un
poste militaire pour protéger les bâtiments et leur

nombreuse population contre les entreprises des Boxers, hostiles à toute science étrangère,..... avec l'arrière-pensée d'annexer plus tard et de ne jamais rendre cette école magnifiquement organisée à laquelle se joint un luxueux hôpital.

La petite troupe et son convoi s'arrêtent devant la porte monumentale, décorée de dragons et couverte d'un toit débordant aux angles retroussés. L'officier qui commande la garde de l'école, un tout jeune homme brun à la taille élancée, rejoint le groupe de ses camarades qui causent gaiement avec leur guide, un petit fonctionnaire déjà gagné par l'embonpoint et dont les yeux bleus rient constamment.

« — Je crois que nous avons fini pour aujourd'hui et que ces messieurs vont enfin pouvoir reprendre figure humaine ». dit le fonctionnaire en lançant un un coup d'œil malicieux sur le groupe d'officiers dont il est le guide et qui, la figure fatiguée, couverte de suie, les vêtements déchirés et maculés de boue, regardent avec envie leur jeune camarade, droit et svelte dans son uniforme d'une blancheur immaculée.

« — Espérons, dit l'un d'eux, que l'éclat de l'incendie intimidera les Boxers ; tout au moins, les sentinelles les verront venir de loin et nos hommes pourront jouir d'une nuit de tranquille repos dont ils ont grand besoin.

« — Et qu'ils ont bien méritée », interrompt aimablement le fonctionnaire.

« — De votre côté, reprend l'officier en se tournant vers le commandant de l'école, je pense que tout restera calme. Il y a peu de chance pour que les Boxers ou leurs amis les réguliers osent traverser à découvert la plaine énorme qui est devant vous pour tenter l'escalade de vos murs.

« — S'ils suivent jusqu'au bout le chemin dont ils connaissent déjà le commencement, répond le jeune homme, ils n'auront pas un grand espace découvert à parcourir, car il y a devant nous, à trois cents mètres à peine du mur d'enceinte, un groupe de maisons isolées, une sorte de petit hameau qu'ils ont visité la nuit dernière. »

A ces mots, le gros fonctionnaire éclate d'un rire sonore, inextinguible, qui le fait se tenir courbé en deux, les mains sur son ventre rondelet. Il s'efforce de parler ; mais, à travers les fusées de rire, les officiers étonnés entendent seulement des paroles entrecoupées :

« — Ah ! Ah !..... les gaillards..... je comprends..... compliments..... les bons endroits..... bien utiles.....» Il reprend peu à peu possession de son calme et s'explique enfin, avec un sérieux que démentent ses yeux rieurs.

« — Messieurs, tout cela est parfaitement vrai, votre camarade a raison, et les maisons que les Boxers ont visitées ne sont autre chose que les lupanars chinois.

Le jeune officier s'efforce de ne pas se laisser gagner comme les autres par une hilarité qu'il juge indigne de lui et demande :

« — Ne serait-il pas possible, puisque nous ne pouvons avec notre faible nombre occuper ces....., maisons, de les démolir ! Sans cela, nous ne pourrons pas, d'ici peu, nous montrer aux fenêtres sans être fusillés presque à bout portant.

« — Les démolir, c'est difficile, répond le plus âgé des officiers, mais les brûler, c'est autre chose et rien n'est plus simple. C'est un travail dont nous commençons à avoir l'habitude..... Et bien, en route, ajoute-t-il en se levant et en remontant la courroie de son revolver d'un geste machinal, dans un quart d'heure..... »

Mais le fonctionnaire aux yeux rieurs l'arrête par le bras.

« — Oh, dit-il, pour les maisons du faubourg, il n'y avait en effet aucune difficulté, mais pour celles-ci, nous ne pouvons pas les brûler sans formalité.

« — Vraiment, et pourquoi donc ?

« — Parce qu'il nous faut d'abord la permission des propriétaires.

« — Bah ! des Chinois !

« — Ce ne sont pas des Chinois.

« — Allons donc, vous voulez rire !..... des Européens propriétaires de.....!

« — Propriétaires des immeubles, parfaitement !

« — Y a-t-il indiscrétion à vous demander qui sont ces heureux propriétaires,..... heureux, car ils doivent toucher de beaux loyers.

« — Aucune indiscrétion; ce sont des missionnaires catholiques..... veuillez m'attendre dix minutes, je vais revenir avec l'autorisation nécessaire.

Et, pendant qu'il s'éloigne, une conversation joyeuse s'engage entre les officiers, et les représentants d'une religion dont ils sont ici les défenseurs ne sont pas épargnés.

Un quart d'heure après, l'autorisation était donnée de détruire les lupanars. Pendant qu'une partie des soldats conduit les bœufs au cantonnement, le reste, avec un canon et la provision de pétrole, sort de l'école, longe le mur d'enceinte et s'arrête à l'entrée de la plaine.

A deux cents mètres de là, sur un étroit plateau qui émerge au-dessus du marécage, les petites maisons silencieuses se dressent, tassées l'une contre l'autre, comme assoupies, accablées par la chaleur encore grande, malgré l'heure avancée, de cette pénible après-midi d'été. Un court conciliabule se tient entre les officiers, peu soucieux d'exposer inutilement leurs travailleurs et vaguement effrayés par le calme sournois du petit hameau qui retentissait, il y a quelques heures à peine, des cris sauvages des Boxers. Puis, la troupe se divise en deux groupes, dont l'un s'installe à l'abri des murs pour surveiller les alentours, tandis que l'autre, une dizaine d'hommes avec un officier, se dirige vers les maisons endormies en pataugeant lourdement dans la boue gluante.

Les ruelles sont désertes. Au bout de quelques instants d'attente, les soldats forcent hardiment les portes et pénètrent dans les maisons. Dans quelques-unes seulement, ils trouvent des femmes, d'ailleurs toutes vieilles et ridées et quelques tout petits enfants. Les femmes jeunes, les jolies prostituées qui devaient autrefois rendre ce quartier si bruyant, si joyeux, avec leurs robes de soie brodée, leurs cheveux noirs garnis de fleurs blanches, leurs chants et leurs danses, ont dû s'enfuir hier à l'approche redoutée des Boxers. Les quelques hommes, ruffians ou domestiques, qui devaient habiter là, les ont accompagnées dans leur fuite. Les soldats éprouvent un léger regret de ne trouver à la place des jolies filles dont ils escomptaient secrètement la vue réjouissante et, peut-être aussi, le plaisir facile derrière le dos de l'officier, que des vieilles décrépites et branlantes qui serrent convulsivement les petits enfants dans leurs bras débiles et refusent avec obstination de se lever pour quitter la place.

Sourires et signes engageants, discours et gestes

persuasifs, injures, menaces, rien n'y fait ; les vieilles, immobiles, regardent devant elles de leurs yeux troubles et ne font d'efforts que pour calmer les petits enfants dont les cris de terreur commencent à lasser la patience des étrangers. La vue des torches, des bûchers de paille arrosés de pétrole que l'on dispose dans les chambres : elles ne semblent rien voir, rien comprendre et restent stupidement accroupies, berçant d'un murmure monotone les enfants peureux. Secret espoir que toutes ces menaces resteront sans effet, suprême indifférence devant le supplice affreux qui semble tout près ?..... rien ne se lit sur les figures ratatinées, dans les yeux obliques, ternes, à demi-morts.

Les bûchers s'allument, la flamme crépite, fuse et vient, au milieu de l'épaisse fumée, lécher les murs et les plafonds ; alors, les vieilles se lèvent péniblement, gagnent les ruelles en trébuchant et, se tenant aux murs, se mettent en marche vers les terreurs et les misères inconnues. Elles vont lentement, très lentement, parce qu'elles sont très vieilles et que leurs jambes estropiées n'ont plus la force de porter leur corps caduc ; mais l'incendie n'attend pas : déjà la fumée les gagne, les enveloppe, secoue rudement leur gorge débile, obscurcit de larmes leurs yeux séniles. Un secret instinct, la voix endormie de la conscience, commence à prévenir les incendiaires, saisis tout à coup de la crainte d'avoir commis un acte infâme. Pris de peur, eux aussi, ils aident les vieilles trop lentes à leur gré ; et, comme ils tremblent en même temps pour eux-mêmes, que le feu est sur leurs talons, leurs gestes se font brusques : ils poussent et bousculent les malheureuses avec de grands cris effrayés. L'une d'elles trébuche, tombe et fait pendant quelques mortelles minutes de pénibles efforts pour se relever.

Mais, voilà que du côté de l'école, le clairon sonne la « retraite » et, précipitamment, les incendiaires se groupent et quittent le quartier en flammes, sans plus s'inquiéter des misères et des supplices qu'ils laissent derrière eux et dont ils sont les odieux auteurs.

VII

L'incendie dura trois jours. Au commencement de la première nuit, le vent s'éleva : un vent violent et chaud qui charriait le sable des lointains déserts de Mongolie, remplissait la ville d'une fine poussière et teintait de jaune la lourde fumée. Poussé par la tempête, excité par les tourbillons rageurs, le feu sauta la rue qui sépare le faubourg du quartier européen et, tenace, s'agrippa aux murs de l'hôtel ***.

Énervés par les alertes que l'inexpérience et la peur des sentinelles provoquaient inutilement à chaque minute, les soldats tâchaient de prendre

dans leurs cantonnements un peu de repos après la
fatigue d'une journée de rude labeur ; mais, à une
heure du matin, les cris d'alarme les obligèrent
encore une fois à se lever.

Les yeux gonflés de sommeil, les jambes molles,
la gorge sèche, ils prirent leurs fusils qui semblaient
plus lourds que de coutume, s'attelèrent aux petits
brancards de leurs canons et, les pieds traînants,
courbés en deux sous les rafales , suffoqués par l'âcre
fumée des maisons incendiées, à tâtons dans les rues
ténébreuses de cette ville inconnue, ils allèrent avec
mauvaise humeur essayer d'arrêter les progrès menaçants de l'œuvre qu'ils avaient accomplie si joyeusement la veille.

Eh quoi ! C'était donc cela la guerre ?

Arroser les maisons de pétrole, les brûler précipitamment sans même avoir le temps de les visiter
pour y prendre quelque curieux bibelot oublié par
le propriétaire en fuite, marcher, s'arrêter, marcher
encore les yeux rougis par la flamme et la bouche
pleine de cendres, sous la pluie d'étincelles, dans la
boue, le vent, la poussière, la fumée, les mains
noires de suie, les vêtements barbouillés, empuantis
par le pétrole, mal manger, coucher tout habillé
dans la fange et se réveiller brusquement pour aller,
à travers les ruelles obscures où vous guette peut-
être le coutelas d'un fanatique, défaire ce que l'on
avait fait la veille avec tant de peine ; n'être qu'in-

cendiaire ou pompier, c'était donc cela la guerre Était-ce pour cela qu'on les avait fait venir de si loin !.....

Fusil contre fusil, poitrine contre poitrine, défendre sa peau au prix de celle de l'adversaire, courir tête baissée sous les balles et la mitraille pour s'emparer de quelque glorieux trophée au bruit des acclamations et des cris de victoire ; ou même, résister obstinément, un contre cent, à l'assaut des bandes furieuses, lutter jusqu'à la dernière cartouche, jusqu'au dernier obus, finir héroïquement, sacrifié pour le salut des autres, conquérir la gloire en un mot : à la bonne heure !

Mais qu'avait-on fait jusque-là ? L'ennemi se cachait ! Le seul ennemi, c'était le vent, complice trop zélé de l'incendie. Au lieu de glorieux soldats, il n'y avait que des incendiaires malpropres et des pompiers ridicules !

C'était donc cela la guerre ?

Oui, c'était cela la guerre, mais ce n'était pas que cela. Ces hommes ne savaient pas encore que, pour être un glorieux soldat, il faut être à la fois incendiaire, voleur et assassin. Ils n'étaient qu'à la première étape et n'allaient pas tarder à parcourir les suivantes !.....

CHAPITRE III

Le Meurtre

I

..... Le lundi, de grand matin, les forts chinois qui bombardaient les concessions depuis la veille, firent peser sur la gare tout leur effort. Une batterie, dissimulée dans le faubourg essayait en même temps de détruire le vieux pont de bateaux qui relie les deux berges de la rivière, au nord de la Concession française, et qui forme la seule communication entre les quartiers européens et le chemin de fer.

Quelques centaines de soldats russes, avec une poignée de marins français et anglais, occupaient des tranchées creusées à la hâte devant les bâtiments de la station. Immobiles et sombres sous le déluge d'obus, ils attendaient pour tirer que les masses de fantassins ennemis qu'on apercevait au loin se déployer dans la plaine fussent assez rapprochées.

Leurs camarades, partis pour Pékin depuis huit

jours, avaient fait savoir, dès leurs premières étapes, qu'ils avaient combattu des Boxers, et cela avait été un éclat de rire dédaigneux quand on avait appris les procédés tactiques de ceux-ci. Brandissant leurs longues lances de bambou et leurs sabres à large lame, ces fanatiques s'avançaient en dansant jusqu'à cinquante pas de la troupe, puis ils s'arrêtaient et se prosternaient la face contre terre pour une mystérieuse prière. Confortablement installés sur le remblai du chemin de fer, correctement alignés comme à la parade, les soldats européens attendaient la fin des prosternements et des génuflexions. Tirant à coup sûr, ils écrasaient sous une nappe de feu la foule hurlante au moment même où elle se relevait. C'était un spectacle peu banal, amusant, joyeux, c'était presque un sport.

Mais ces nouvelles étaient déjà vieilles. Depuis, l'on avait appris que le chemin de fer avait été coupé par ces mêmes Boxers en avant et en arrière de la petite colonne de Pékin. On ne savait ce qu'elle était devenue..... isolée en rase campagne, sans vivres, sans munitions, probablement encombrée de blessés, probablement aussi luttant avec l'armée régulière qui, se croyant assez forte pour bombarder insolemment les Concessions, n'allait certainement pas laisser échapper cette proie facile.

La rupture complète des communications entre les Concessions de Tien-Tsin et la mer, la violence et la précision du bombardement commencé depuis la veille, la hardiesse et l'habileté des troupes impériales, leur nombre qu'on disait dépasser quinze mille hommes, le faible effectif des défenseurs, la rareté des munitions, celle prochaine des vivres, l'impossibilité d'un ravitaillement dans une si petite place étroitement bloquée par cette multitude, tout augmentait l'appréhension des soldats.

..... A neuf heures du matin, la fusillade éclata stridente entre les défenseurs de la gare et l'infanterie impériale qui s'était largement déployée dans la plaine et gagnait peu à peu du terrain en avançant au milieu de la foule de tumuli dont toute la banlieue de la ville est parsemée. Bien abrités derrière les antiques tombeaux ou dans les nombreuses tranchées creusées la veille par des mains prévoyantes, les tireurs chinois, abondamment pourvus de munitions, couvraient la petite ligne de défense européenne d'une avalanche de plomb. Les uniformes blancs des défenseurs, trop visibles sur la terre jaune et les murs gris, attiraient une nuée de balles bourdonnantes, qui rasaient la crête des retranchements, pénétraient dans les fissures des barricades, trouaient les poitrines, fracassaient les crânes, achevaient leur vol d'abeille sur les parois des wagons et des locomotives qu'elles perçaient avec un bruit sec et métallique.

D'instant en instant, les soldats européens se

levaient brusquement au-dessus de la barricade, les fusils s'abaissaient d'un seul mouvement, un fugitif éclair illuminait soudain toute la ligne et, rompant la sinistre monotonie du bourdonnement adverse, la subite détonation d'un feu de salve précédait le long sifflement des mouches meurtrières qui s'égayaient dans la plaine, effritaient les ornements de pierre des tombeaux et s'abattaient brutalement en faisant gicler la boue gluante. Mais le feu des défenseurs, trop peu nombreux et mal pourvus d'artillerie, ralentissait sans l'interrompre la marche prudente et continue des soldats ennemis.

Les tranchées, les bâtiments de la station, les nombreux wagons étaient submergés sous une grêle de balles invisibles dont la multitude crépitait sur les tôles d'acier et les murs de plâtre ou tuait sournoisement, silencieusement.

A chaque minute, par bandes de trois ou quatre, de lourds obus s'écroulaient sur la gare; une masse de feu aveuglait les combattants et des centaines d'éclats, projetés de tous côtés par l'explosion assourdissante, décuplaient l'œuvre des balles en crevant les murs et les toits qui s'effondraient au milieu d'un nuage de poussière, en s'enfonçant dans les chairs molles qu'ils rejetaient déchiquetées contre terre, dans une mare de fange et de sang.

Plusieurs heures s'écoulèrent ainsi. Lentement, prudemment, les soldats chinois rampaient d'abri en abri, se faufilaient entre les tombeaux et, petit à petit, s'approchaient de la ligne des barricades, d'où les ripostes partaient de moins en moins fréquentes, de plus en plus faibles. Car le déluge de feu qui couvrait toute la gare commençait à éclaircir cruellement les rangs des défenseurs. Quelques maigres renforts réussirent, au prix de lourdes pertes, à franchir le pont de bateaux, plus qu'à moitié détruit déjà par les obus ; mais, vers midi, l'infanterie chinoise s'était solidement établie si près des retranchements que tous pressentirent avec angoisse l'instant de la crise finale.

A ce moment, les Européens ne défendaient plus que des ruines. Tous les bâtiments de la gare, déchiquetés par les obus, étaient en feu, mais la lutte était trop ardente pour qu'on pût songer à l'incendie. Sur la voie principale, un train, le dernier qu'on avait préparé à tout hasard pour secourir la colonne de Pékin, brûlait. Un projectile avait crevé le château d'eau et, par la blessure, s'écoulait un jet puissant qui tombait en trombe bruyante et transformait en marécage la terre sanglante. Les défenseurs voyaient devant eux, presqu'à les toucher, des milliers d'ennemis bien armés et résolus. Derrière eux, entre la gare et la rivière, sur une longueur de deux cents mètres, le faubourg sordide était en feu.

Abandonner la gare, c'était se faire acculer, dans

la tourmente de flammes et de fer, à la tête du pont branlant, balayé par les obus, et qu'on ne pourrait franchir que lentement, sous un déluge d'acier, avec l'ennemi sur les talons.

Et puis?..... Ensuite?.... Abandonner la gare et rentrer dans les Concessions, même au prix des pertes les plus cruelles, c'était abandonner aussi les Concessions. Car les quelques centaines de fusils européens n'y tiendraient pas longtemps devant les canons de l'ennemi, maître de la station, ni surtout devant les autres régiments réguliers et les bandes innombrables de Boxers qui, massés sur l'autre rive, n'attendaient que la chute de la gare pour se ruer à leur tour sur les troupes débandées. Perdre la gare, c'était perdre les Concessions, c'était perdre du même coup la colonne partie l'autre semaine pour Pékin et qui, vaincue, battait en retraite et devait chercher à rejoindre Tien-Tsin qu'elle croyait encore un refuge tranquille; c'était perdre en même temps les compatriotes enfermés dans Pékin, en butte aux attaques des fanatiques; c'était se perdre tous à la fois en tentant une retraite impossible vers la mer, avec le lamentable convoi des blessés, des femmes et des enfants.

Rester dans la gare en appelant les derniers renforts à la rescousse?..... Mais combien restait-il d'hommes dans la Concession?..... Et pourraient-ils à présent franchir le redoutable pont?.....

D'ailleurs, on se battait aussi dans la Concession française, car on y entendait par intervalles la détonation des petits canons de marine.

Entourés d'un cercle de feu, les soldats européens ne voyaient que la défaite et la mort inévitables.

. . . .

Alors, sur un signal des chefs, les barricades se couvrirent de baïonnettes et, d'un élan désespéré, l'arme haute, les défenseurs de la gare se jetèrent en avant. Les premiers qui purent enjamber les hautes balles de coton furent soudainement rejetés en arrière par la poussée diluvienne des balles adverses ; mais l'ardeur du combat, la crainte des chefs, la folie du vacarme infernal, l'ivresse du sang répandu et de la chair pilée, la peur de la mort fascinatrice entraînèrent les autres.

Une centaine de mètres furent franchis du premier élan par toute la troupe débandée qui courait tête basse, les jarrets fléchis sous la grêle homicide ; mais la course fut presque aussitôt ralentie par les mille obstacles, fils de fer, tranchées, troncs d'arbres que la prévoyance peureuse des Chinois avait accumulés les jours précédents devant la gare. La fatigue, l'épuisement physique causé par cet effort énorme, la réaction morale qui suivit de près ce mouvement d'enthousiasme involontaire firent le reste : à trois cents mètres de leur point de départ, les soldats européens s'arrêtèrent sans avoir pu joindre leurs ennemis.

De leur côté, les fantassins chinois qui, depuis une heure, arrêtés à cent mètres des barricades, hésitaient à se lancer à l'assaut, furent surpris par la soudaine irruption de leurs adversaires dans leurs lignes. Aux premiers instants, leur fusillade redoubla d'intensité, mais la résolution des Européens leur fit peur. Leur pusillanimité naturelle, la pusillanimité encore plus grande de leurs chefs qui ne surent pas les retenir, la surprise, l'épouvante leur firent perdre la tête; et ces milliers de soldats, qui tenaient la victoire une minute auparavant, s'enfuirent à la débandade devant quelques centaines de baïonnettes. Tous, simples fantassins en veste bleue, officiers en robe de soie, porte-étendards bariolés, généraux aux riches vêtements couverts de broderies d'or, tous s'enfuirent follement, droit devant eux, d'une course aveugle, rapide, éperdue, désordonnée, presque comique. Ils ne s'arrêtèrent qu'aux premières maisons du faubourg du nord et sous les grandes batteries du canal jetées devant leur fuite comme une barrière menaçante. Confus, époumonnés, furieux, ils reformèrent péniblement leurs rangs au milieu des vociférations et s'aperçurent alors avec stupeur qu'ils n'avaient pas été poursuivis.

Empêtrés dans les fils de fer dont les abords de la

gare étaient tendus, barbotant jusqu'à la cheville dans la boue rougeâtre, éreintés par l'effort, désorientés par la disparition rapide de l'adversaire, les soldats européens s'étaient arrêtés. On les voyait là-bas, très loin dans la plaine. Trop fatigués pour poursuivre l'ennemi de leurs balles, trop peu nombreux pour profiter de leur avantage inattendu, ils tâchaient, eux aussi, de se rallier et de regagner péniblement l'abri précaire de leurs barricades.

Les soldats chinois furent rassurés par cette retraite prudente qu'ils prirent, dans leur ignorante fatuité, pour une déroute pire que la leur. Ils se déployèrent de nouveau et recommencèrent, soutenus par le tonnerre de leurs canons, la marche en avant, lente et circonspecte, sur toute la longueur de cette plaine qu'ils avaient mis quatre heures à conquérir, dix minutes à perdre et qu'ils n'allaient plus pouvoir recouvrer avant la chute du jour.

Et, bien que réduits en nombre, éreintés, fourbus, mourant de soif et de faim, les défenseurs de la gare s'accroupirent de nouveau dans leurs tranchées sanglantes avec plus de confiance dans leur bravoure encore invaincue, mais aussi avec le sentiment plus intense de la force brutale des balles et des obus chinois qui tombaient de plus en plus nombreux et que leurs compatriotes eux-mêmes avaient vendus à l'ennemi.

II

Au fur et à mesure que les progrès des troupes chinoises devant la gare devenaient plus inquiétants, que les balles et les obus ravageaient plus cruellement les rangs des défenseurs, les renforts européens sortaient des Concessions par petits groupes, traversaient le pont de bateaux et se jetaient dans les tranchées creusées devant la station. Il ne resta bientôt plus que deux compagnies d'infanterie, une russe et une française, et deux canons. C'était la réserve dernière, la suprême ressource de la défense presque réduite aux abois, et les chefs décidèrent de la conserver intacte jusqu'au dernier instant.

Rassemblée dans la Concession française, cette réserve s'installa dans une rue transversale, à quelques pas du pont de bateaux ; les canons au bout de la rue, près de la berge, pour être à même d'interdire promptement le passage de la rivière à l'ennemi, l'infanterie vers le milieu de la rue, tant bien que mal abritée par les hautes maisons de pierre.

Les fantassins avaient formé les faisceaux et s'étaient accroupis sur les petits trottoirs, le dos appuyé contre les murs. Quelques officiers marchaient de long en large devant les armes, regardant devant eux d'un air indifférent, et le bruit de leurs pas nonchalants troublait seul l'épais silence.

Dans les groupes de soldats, tous vêtus de blanc, les uns coiffés d'une étroite casquette blanche à cocarde, les autres abrités sous de larges chapeaux de paille cerclés d'un ruban noir, presque personne ne parlait. Chacun restait immobile, la tête baissée, épiant du coin de l'œil le visage du voisin, tout en s'efforçant de prendre un air de calme et d'insouciance.

Celui-ci, d'une stature gigantesque, avec une barbe blonde, des yeux bleu-clair, une physionomie douce et bienveillante, s'amuse à jeter à quelques pas de petits cailloux qu'il prend autour de lui dans le gravier du ruisseau. Il sifflote doucement entre ses dents et sourit machinalement. Mais, soudain, le sourire se glace, la chanson s'arrête, le bras qui s'apprêtait à jeter un caillou reste en l'air comme indécis ; les yeux bleus agrandis par la surprise et par une secrète terreur, le bon géant écoute passer devant lui un clair et vif susurrement qui s'éteint presque aussitôt, tandis qu'à cent pas plus loin, un petit flocon de poussière, s'élevant au milieu de la chaussée, marque le point de chute de la balle. L'homme jette un coup d'œil furtif à droite et à gauche : personne ne le regarde. Mais au moment où il cherche à se redonner une contenance en continuant son jeu machinal, voilà que, de nouveau, par

une folle contraction, son cœur se serre affreusement : une grosse mouche rageuse bourdonne avec
fureur à son oreille et va derrière lui s'écraser sur
le mur.....

Quelques centimètres plus à gauche, il était tué.
Les lèvres tremblantes, la tête rentrée dans les
épaules, il attend quelques instants, puis il se
redresse en sifflotant d'un air timide.

Son voisin de droite, un tout petit soldat maigre
et noir, à la mine souffreteuse, n'a pas entendu la
balle ; mais en voyant l'instinctif mouvement de
peur, il lance à son grand camarade blond un coup
d'œil affectueux et moqueur auquel l'autre répond
gauchement par un vague sourire niais. Le petit
homme noir remue les lèvres, il va parler, quand
tout à coup, lui aussi, prend un air effaré, sérieux,
et tous les deux écoutent ce bruit étrange qui vient
de loin, grandit, monte dans les airs et s'éloigne
dans le froufroutement rapide d'une grosse toupie.
Derrière celui-là en vient un autre, puis encore un
autre, et les grands oiseaux lugubres se suivent
bientôt à de courts intervalles en ronronnant avec
une sinistre satisfaction.

Les deux soldats se sont pris par la main d'un
geste instinctif qui rassure leur pauvre cœur
angoissé. Epaule contre épaule, ils causent à voix
basse. Le plus petit des deux lève machinalement la
tête comme pour chercher dans l'air la trace des
obus bruyants :

« — Ils tirent trop haut, dit-il doucement.

« — Y a pas de danger pour les obus, répond le gros géant, les maisons nous protègent, mais leurs sacrées balles..... »

Sans achever sa phrase, il tourne la tête vers son voisin avec l'appréhension de voir encore le sourire moqueur de tantôt. Mais l'autre, les yeux levés, reste sérieux et répond :

« — Oh, les balles, faut pas en avoir peur. Y en avait qui saluaient à la deuxième section ; le capitaine leur a dit que ce n'était pas la peine. Il a dit comme ça que quand on entendait siffler une balle, c'est qu'elle était déjà loin..... Il paraît qu'on n'a pas le temps d'entendre celle qui vous touche..... Alors les balles qui sifflent, j'en ai pas peur..... Mais ces obus, ça fait trop de bruit..... alors.....

« — Oui, dit le grand soldat blond qui a écouté jusqu'au bout avec attention, mais tout de même, les balles entrent dans la rue, tandis que les obus, ou bien ils tombent à la gare, ou bien ils passent au-dessus de nous et s'en vont loin derrière ; alors les maisons nous protègent.

« — Tout de même, il doit y faire chaud à la gare, dit le petit homme ; crois-tu que nous allons y aller bientôt ?.....

« — J'espère que oui, parce qu'ici.....

« — Moi aussi, j'aimerais mieux y aller tout de suite. Au moins, on ferait quelque chose..... On ne penserait à rien..... Et ici, il faut rester les bras croisés à écouter ces oiseaux de malheur..... Pourvu qu'ils viennent toujours du même endroit..... S'ils se mettent à venir de là-bas, continue-t-il en allongeant le bras vers la gauche, nous ne serons pas..... »

Et voilà qu'au même instant, une effroyable détonation déchire l'épais silence de la rue. Un éclair aveuglant brûle les yeux des deux causeurs. Le gros soldat blond, le bon géant aux yeux bleus, se couche lourdement sur le ventre de son camarade, puis il reste immobile. Le petit homme noir, la tête renversée contre le mur, semble s'efforcer de regarder son ami avec des yeux agrandis par une mortelle horreur. Il souffle bruyamment deux ou trois fois, puis les yeux se chavirent, la tête s'incline sur l'épaule..... on emporte les deux cadavres.........

Après un instant de désordre causé par l'explosion soudaine de l'obus, le calme apparent régna de nouveau dans la rue. Subitement redressés, les soldats s'étaient alignés d'eux-mêmes le long des murs, tandis qu'on enlevait sur deux civières les corps déchirés de leurs camarades. Et jusqu'à ce que le cortège eût achevé de défiler devant eux et qu'il eût tourné à gauche dans la grande rue qui mène à l'hôpital, les hommes étaient restés figés dans l'immobilité, la figure pâlie, les yeux baissés, les sourcils froncés avec un air surpris et mécontent.

Puis un officier dit quelques paroles brèves d'un ton de commandement, chacun reprit avec résignation sa place sur le trottoir et, de nouveau, pesa le silence.

Rien ne semblait avoir changé dans la rue morose ; rien, si ce n'est qu'à la place des deux causeurs, il y avait sur le trottoir en pente une large flaque de sang qui coulait goutte à goutte dans le ruisseau et quelques petites taches rouges sur le plâtre du mur. Rien ne semblait avoir changé : comme un instant auparavant, la même expression d'attente et d'ennui se lisait sur les figures fatiguées des soldats, la même expression d'indifférence affectée sur les figures des officiers.

Dans l'esprit vif et délié de ces officiers instruits comme dans la cervelle obscure de ces soldats ignorants, ce spectacle tragique n'avait soulevé que la peur égoïste d'être marqué soi-même pour la boucherie prochaine. Un souvenir machinal des cérémonies militaires avait fait lever tous ces hommes et les avait tenus immobiles et corrects devant la lugubre procession, avec l'apparence de rendre le dernier hommage à leurs morts. Mais aucun d'eux n'y songeait, à ces morts, et chacun ne pensait qu'à soi-même, avec la peur horrible d'être décapité par l'obus suivant.

Personne n'avait osé regarder en face les cadavres déchiquetés ; ni la face tuméfiée, rouge et noire du grand soldat blond, ni la figure blême de son petit camarade ; et personne n'osait regarder la trace rouge qui marquait l'endroit mortel parce que tous tremblaient que ce spectacle n'amenât la débâcle de leurs nerfs tendus. Chacun ne pensait qu'à soi-même, et chacun de ces hommes, pourtant bons, n'osait penser aux deux tués..... pas même ceux qui savaient que le plus grand était père de trois petits enfants et que l'autre, fils de pêcheur, aidait de sa solde la dure et misérable vie de ses parents et de neuf frères et sœurs.....

Et ce fut pour ces chrétiens la première leçon d'égoïsme.

III

Le commandant des troupes de la défense, avec quelques officiers supérieurs, s'était installé dans une maison de la rue où stationnait la réserve. La maison était vide : celui qui l'habitait, un riche commerçant chinois, avait dû s'enfuir avec ses femmes et ses serviteurs aux premiers bruits de troubles.

Dans la grande salle commune du rez-de-chaussée, le commandant et les officiers supérieurs étaient assis sur des tabourets autour d'une table de bois graisseuse ; ils buvaient du thé, et le sucre répandu sur la table attirait les mouches gourmandes.

Dans la cour intérieure de la maison, entre la grande salle et la porte d'entrée décorée de dragons, une dizaine d'officiers allaient et venaient ; les uns attendant les ordres du chef, les autres venus là par curiosité, pour avoir plus tôt des nouvelles du combat dont on entendait la voix formidable.

Dans la salle et dans la cour de la maison comme dans la rue, le silence.

A de rares intervalles, un homme, soldat ou officier, couvert de boue, quelquefois taché de sang, les yeux brillants dans la figure fatiguée, entrait dans la cour. On l'entourait, mais, sans mot dire, il allait dans la grande salle et, le corps droit, la tête haute, s'arrêtait devant le chef. En quelques mots rapides, saccadés, d'une voix étouffée, il transmettait son message et donnait des nouvelles, toujours mauvaises, de la lutte. Impassible en apparence, l'autre écoutait, posait d'une voix lente quelques questions, offrait un verre de thé quand le messager était officier, puis, d'un geste las, recommandait la discrétion et congédiait. Plusieurs passèrent ainsi sans troubler le calme silencieux des chefs.

Vers la fin de la matinée, un officier se présenta devant la cour avec un aspect si tragique que tous ceux qui vaguaient près de là refluèrent vers la porte de la salle pour écouter. C'était un tout jeune capitaine, petit de taille, mais d'aspect vigoureux avec sa large poitrine et ses épaules carrées. De la tête ensanglantée, bandée d'un mouchoir malpropre, on ne voyait qu'une courte barbe blonde et deux yeux bleus énergiques. Le sang coulait à travers une large déchirure de sa manche gauche. Il faisait de visibles efforts pour marcher droit, mais il ne put, en s'arrêtant, s'empêcher d'appuyer une main sur la table. Le commandant des troupes l'invita à s'asseoir et déjà un soldat avançait un tabouret, mais, au premier mot de son supérieur, l'officier eut un violent sursaut de volonté : roidi dans la position réglementaire, il attendit les questions.

Deux questions brèves, deux réponses nettes, ce fut tout. On emmena le blessé qui chancelait.

Le commandant de la compagnie de réserve russe fut appelé chez le chef et reçut ses ordres. Un instant après, il était dans la rue, marchant d'un pas ferme et résolu, mais les traits pâlis et tirés. Les soldats se levèrent avec docilité et, dans le plus grand silence, se mirent en rang sous les regards zélés des sous-officiers. Le capitaine, d'une voix un peu tremblante, prononça quelques paroles auxquelles tous les soldats répondirent par un large signe de croix, puis la troupe se mit en marche et s'engagea résolument sur le quai balayé par les obus.

Et, parmi les Français qui, debout, regardaient leurs alliés faire ce geste religieux, parmi tous ces soldats qui venaient de se signer dévotement avant de prendre part à la lutte meurtrière, il n'y eut pas un homme qui comprit l'atroce dérision de ce signe de croix, symbole et souvenir de Celui qui s'était laissé mettre à mort pour ne pas résister à la violence.

Personne ne comprit l'amère ironie de ce geste évocateur de Celui qui enseignait aux hommes l'universelle fraternité. Personne ne comprit quel superstitieux sacrilège commettaient bêtement ces soldats en se couvrant du signe de pardon et d'amour au moment même où ils se préparaient à l'assassinat. Et qui, parmi eux, eût pu le comprendre quand la cause première de cette querelle était justement due à ceux qui leur avaient enseigné ce sortilège mensonger ?.....

IV

La nuit vint. Les troupes chinoises renoncèrent pour cette fois à prendre la gare, rompirent le combat et laissèrent de nouveau la parole à leurs canons.

Toute cette nuit-là et les jours suivants, la petite Concession française, encerclée par la rivière nauséabonde, adossée par le midi aux autres quartiers européens, reçut de l'est, du nord et de l'occi-

dent, presque sans riposter, l'avalanche d'acier d'un
opiniâtre bombardement. Prudemment défilées derrière les murs ou cachées dans les sous-sols des
maisons, les troupes attendaient sans mot dire l'ordre de combattre que, dans le désarroi d'une attaque
aussi soudaine et la jalousie qu'il nourrissait pour
son voisin, aucun chef n'osait donner ou provoquer.
Tous ces hommes instruits, avec leur cerveau
bourré de chiffres et de formules, considéraient
leur situation dans l'hébétude de l'ignorance et
n'entreprenaient quelque ouvrage que pour l'abandonner aussitôt à cause de son insanité même ou
de leur manque d'initiative. Ceux-là qui s'étaient
donné pour mission de mener les autres à la victoire,
ceux-là qui s'étaient faits conducteurs d'hommes,
attendaient, bavardaient, récriminaient, s'agitaient...... n'agissaient pas. Après la jactance et les
bravades du début, ils étaient passés soudainement
à l'apathie. Désorientés, désunis, ignorants d'un
pays qu'ils voyaient pour la première fois, et d'un
adversaire qu'ils avaient toujours tenu dans le
mépris, ils semblaient regarder les événements
comme un mal inévitable et ne savaient plus que
faire.

Devant l'incertitude, le désarroi, l'incohérence et
l'ignorance qu'étalaient naïvement leurs chefs, les
soldats se décourageaient petit à petit. Des enthou-
siastes des premiers jours, des troupes fanfaronnes

qui avaient quitté la caserne ou le navire, bouffies
d'orgueil sous les regards envieux des camarades
laissés en arrière, il ne restait plus qu'un stupide
troupeau de chair à canon, hâve, déguenillé, sordide,
affamé, qui ne pensait qu'à se garer des coups et
baissait la tête à chaque obus, du même geste
peureux de l'enfant qui lève le coude après la
première gifle et pleurniche en attendant la seconde.

Le premier jour, quand ces hommes se hâtaient
fébrilement à la destruction des demeures chinoises
par la poudre et le pétrole, quelques-uns réclamaient avec impatience l'heure de la lutte à visage
découvert. Maintenant qu'ils avaient fait connaissance avec le combat, maintenant que grondait
ininterrompu le fracas du bombardement, maintenant que l'atmosphère tout entière vibrait au sifflement des balles, maintenant que de minute en
minute la mort fauchait sans pitié tout autour d'eux,
ils ne songeaient plus qu'à s'abriter et la pensée de
chacun était : Quand cela finira t-il ? Quand viendra-
t-on nous délivrer ?.....

Les rêves de gloire, de drapeaux conquis de haute
lutte, de dévouements héroïques, le mirage éclatant
des fanfares et des acclamations, tout cela était bien
fini. La petite garnison si alerte, si pimpante et si
propre des jours précédents attendait stupide et sans
pensée, dans le désordre général, la boue et la vermine, qu'une idée vint aux chefs ou que des rem-

forts accourussent. Des camarades enfermés dans Pékin et de ceux égarés par la sottise et l'impéritie de leurs conducteurs dans la plaine marécageuse du Tchi-Li, personne ne se souciait plus. La peur égoïste faisait seule tressaillir l'âme de ces malheureux, déprimés par la soif, la saleté, l'inaction et le tonnerre incessant des obus.

En petite troupe, tous savaient encore marcher la tête haute et présentaient l'aspect de militaires courageux. Quelques-uns, surtout des officiers, affectaient devant les autres de traverser lentement, la cigarette aux lèvres, les endroits dangereux ; mais ce n'était là que l'attitude de commande d'un acteur sur la scène. Dès qu'il ne se croyait plus observé, chacun s'empressait de raser les murs, le dos courbé comme un voleur. Dans le cœur de ces pauvres gens qui voulaient se croire encore valeureux et qui s'exerçaient puérilement à une bravoure inutile, il n'y avait qu'une triste et risible poltronnerie. Mais tous cachaient soigneusement la tare secrète et poitrinaient par habitude.

Comme il n'est pas de situation mauvaise, dangereuse, antinaturelle à laquelle ne s'habituent le corps et l'âme, tous ces hommes finirent par s'accoutumer au féroce bombardement comme à la saleté dans laquelle ils vivaient ; au manque d'eau propre comme à la privation de sommeil. Ils en vinrent à considérer avec la même indifférence apathique les charognes ballonnées d'animaux et de Chinois qui descendaient au fil de la rivière et les cadavres tuméfiés de leurs camarades qu'ils enterraient furtivement dans les rares accalmies de la pluie d'obus.

La bravoure des premiers jours, faite du désir ardent de doubler une vie intense, d'agir, d'accomplir quelque chose d'utile ou de glorieux, devint le morne courage de brutes qui ne savent plus ni penser ni comprendre..... et les troupes firent leur devoir.

Les troupes firent leur devoir, c'est-à-dire que les soldats continuèrent, comme si rien n'était changé, comme si rien n'avait disparu de leur cœur, à monter stoïquement la garde sur les berges de la rivière ou derrière les hautes balles de coton. Ils continuèrent à se rassembler en silence à la voix des officiers, à suivre passivement leurs chefs dans les ruelles empuanties des quartiers détruits, à charger leurs armes, à tirer, à tuer. Ils continuèrent à lancer contre les forts bétonnés des Chinois le tonnerre inoffensif de leurs petits canons, à marcher docilement derrière leurs officiers pour tenter, sous les balles et la mitraille, le passage impossible d'un pont inexistant. Et c'est ainsi que la masse fit son devoir, par habitude, par peur des châtiments, par l'abrutissement de la fatigue et du bruit.

Dans le nombre, il y en eut qui firent plus. Soit que leurs muscles plus vigoureux les eussent soutenus dans l'épreuve, soit que leur intelligence fût restée fermée à l'horreur et à la stupidité de leur situation, ils ne restèrent pas inactifs et s'employèrent de leur mieux pendant les intervalles de morne ennui où se consumaient leurs camarades entre les factions et les patrouilles. Ils surent profiter du relâchement général de la discipline produit par la fatigue et le surmenage et visitèrent, sans guide, tous les coins de la petite Concession. On en vit qui rentraient le soir au cantonnement les jambes molles et la langue pâteuse sans qu'aucun chef sût ou voulût savoir où ils s'étaient enivrés. Il y en eut qui pénétraient dans les maisons abandonnées des commerçants européens et qui en ressortaient long-temps après en souriant d'un air entendu. On vit bientôt sur les façades de maisons que nul obus ne pouvait atteindre des portes éventrées, des persiennes arrachées, des vitres brisées. Les cantonnements se remplirent d'objets étranges dont les possesseurs seuls connaissaient la provenance, qu'ils indiquaient en grand secret aux camarades sûrs avec des pré-cautions de cambrioleurs. La nécessité dans laquelle on s'était trouvé de piller des vivres dans quelques magasins chinois abandonnés n'avait pas tardé à inciter les soldats à piller dans les maisons euro-péennes tout autre chose que des vivres, et l'on en vit qui s'amusaient, à moitié ivres, à trimballer sur une charrette un piano sur lequel ils frappaient à tour de bras ; et d'autres qui jouaient, histoire de rire, à vider des fauteuils par les fenêtres. On en vit qui couchaient sur des fourrures de prix trouvées, disaient-ils, oubliées dans les rues, et quelques-uns même n'hésitèrent pas à voler jusque dans les maisons habitées presque sous les yeux des habitants.

Les officiers feignaient de ne rien voir et plaisantaient sur les pékins peureux qui s'étaient enfuis au premier obus. Quelquefois, ils faisaient montre d'une fausse sévérité, confisquaient aux voleurs les choses volées, les rendaient au légitime propriétaire quand celui-ci venait se plaindre et, le plus souvent, se les appropriaient, excitant ainsi les hommes à continuer.

Donc, beaucoup de soldats ne restaient pas inactifs : entre deux assassinats, ils volaient cyniquement ceux dont ils étaient venus défendre les biens.

V

La peur des espions hantait les esprits.

Tous les Chinois qui habitaient ordinairement sur le territoire concédé ne s'étaient pas enfuis. Un grand nombre d'entre eux, des chrétiens, s'étaient réfugiés chez les missionnaires qui les protégeaient de leur mieux, les nourrissaient tant bien que mal et les envoyaient de temps en temps aux renseignements dans Tien-Tsin même. La plupart des Européens avaient gardé leurs domestiques indigènes qui tremblaient de tous leurs membres à chaque détonation et faisaient leur service à demi-morts de peur. La police indigène de la Concession française était presque tout entière restée à son poste et l'on se servait d'elle pour les besognes les plus répugnantes. Quelques Chinois, instruits à l'européenne ou employés dans des maisons de commerce, s'abritaient chez les fonctionnaires et fournissaient quelques vagues renseignements sur l'ennemi. Au cœur même de la Concession française, un important personnage chinois se terrait avec toute sa famille, n'osant s'enfuir de peur d'être exécuté par ses compatriotes qu'il trahissait, n'osant pas non plus sortir de sa maison par peur des sentinelles énervées, incapables de faire la différence entre un espion à leur service et un espion de l'adversaire.

Dans le quartier brûlé par les soldats européens, dissimulées par les murs en ruines de quelques hautes maisons, des masures restaient debout ; là, se cachait toute une population misérable et sordide qui vivait chichement de rapines et ne sortait que la nuit pour aller à la maraude. On tolérait ces pauvres gens, pourvu qu'ils ne se fissent pas voir, parce qu'ils savaient où trouver de l'eau pour l'École de médecine et qu'on pouvait, de temps en temps, leur voler un maigre poulet qu'ils avaient eux-mêmes volé dans les lignes des soldats impériaux. Enfin, à l'extrême frontière du territoire assiégé, les vastes bâtiments de l'Ecole de médecine abritaient les étudiants chinois, leurs maîtres et leurs familles, en tout une soixantaine de personnes.

La présence dans l'intérieur des lignes européennes de tous ces indigènes que rien ne distinguait de leurs compatriotes de la grande ville et qui pillaient effrontément comme les soldats, rendait facile l'intrusion d'espions et de bandits chinois qui, trouvant sans peine le moyen d'aller et de venir entre les deux territoires ennemis, renseignaient avec précision les troupes impériales sur tout ce qui se passait dans les Concessions. La nuit venue, ces bandits trompaient facilement la surveillance engourdie des sentinelles trop peu nombreuses et mal placées; ils propageaient l'incendie dans le quartier européen et disposaient des machines infernales jusque dans les cantonnements mêmes des soldats.

A côté de ces espions, Boxers déguisés ou soldats en maraude, un certain nombre d'habitants du faubourg brûlé sortaient de Tien-Tsin à la faveur de la nuit et, poussés par la misère, traversaient à grand peine le double cordon des sentinelles européennes et chinoises. Ils entraient dans la Concession française et venaient fouiller les décombres puants de leurs masures dans l'espérance d'y trouver encore quelque sac de riz épargné par l'incendie ou quelque piécette de cuivre oubliée par les voleurs. On les entendait dans l'ombre circuler à pas prudents et, comme il se glissait souvent parmi eux des Boxers qui déchargeaient leurs revolvers sur les sentinelles, on tirait au hasard sur tout ce qui présentait seulement une apparence de mouvement.

A la dure épreuve du bombardement s'ajoutait pour les soldats européens la stupeur d'une situation incompréhensible et ridicule. On les avait persuadés, au départ de leurs casernes ou de leurs navires, que leur débarquement dans ce pays inconnu devait être suivi d'une promenade militaire et d'un séjour en garnison dans de grandes villes confortables, pleines de distractions et de plaisirs. Ils auraient tout au plus à tirer quelques balles dédaigneuses sur des bandits dépenaillés qui brandiraient de loin leurs sabres inoffensifs; et voilà qu'ils étaient enfermés, loin de tout secours, dans une sorte de village en ruines, assiégé par une armée nombreuse, instruite et bien armée. On leur avait dit qu'ils auraient à combattre ces bandes faméliques seulement pour défendre les biens de leurs compatriotes, pacifiques commerçants installés depuis longtemps dans le pays; et voilà que dans les ruines où ils se maintenaient à grand peine sous un déluge d'acier, il n'y avait guère que des Chinois bombardés par d'autres Chinois.

Ils semblaient des tiers qui se sont bêtement mêlés de la querelle de deux inconnus et qui reçoivent sans comprendre les coups destinés par chaque partie à son adversaire. Ils ne voyaient même plus les champions de cette étrange querelle : les bandes innombrables de Boxers avaient disparu depuis que l'armée impériale était entrée en scène ; les commerçants qu'ils étaient venus défendre s'étaient enfuis ou demeuraient invisibles dans leurs maisons, cachés sous des matelas par crainte des obus ; de sorte qu'au lieu de défendre des compatriotes et d'attaquer des Boxers, on se défendait contre des Chinois pêle-mêle avec d'autres Chinois qui trahissaient peut-être.

Comment comprendre l'utilité qu'il y avait à défendre, dans cette École de médecine, ces étudiants chinois qui se destinaient précisément à devenir médecins militaires dans les rangs de l'armée assiégeante ? Comment comprendre la nécessité de protéger et de défendre contre leurs compatriotes ces bandes de soi-disant chrétiens, anciens voleurs de grand chemin ou tourbe miséreuse des grandes villes qui, presque tous, étaient venus vers les missionnaires dans l'espoir d'une pitance moins maigre ou pour échapper par la protection de leurs « Pères » aux lois souvent cruelles du pays et qu'on surprenait à maltraiter les blessés qu'on leur confiait ?

Les soldats commençaient à comprendre qu'ils

étaient venus là sans raison. Ils ne recherchaient pas à qui incombait la responsabilité de cette incompréhensible guerre et de leur situation ridicule : ils ne songeaient qu'à se défendre et ne se préoccupaient pas de leurs protégés.

Comment, d'ailleurs, faire la différence entre ce Chinois vêtu de bleu qui va chercher de l'eau pour son maître européen ou qui revient de la ville porteur de renseignements pour les « Pères », et cet autre, également vêtu de bleu, qui fait à la hâte de grands signes de croix, clame à tue-tête des « Vobis coum » et cache sous ses loques la ceinture rouge des Boxers ?

Tous espions ou traîtres, voilà ce que pensaient les soldats. On tirait sur tout ce qui vaguait dans les rues ; on attrapait les fuyards, quand on le pouvait, pour les tuer plus sûrement.

Une véritable chasse à l'homme s'organisa.

Poussés par la hantise de la trahison, les soldats cherchèrent les espions dans tous les coins. Il n'y eut pas de maison abandonnée qui ne fut perquisitionnée presque journellement ; pas de salle, de chambre, de cave dont la porte ne fut défoncée à coups de crosse ; pas de recoin obscur où le grignotement d'un rat ne provoquât la décharge énervée des revolvers. Les maisons appartenant à des Chinois ou à des compagnies indigènes furent les premiers lieux de chasse, et l'on se vengeait d'être bredouille en y brisant les vitres.

L'idée fixe, la monomanie de l'espionnage finit par déformer les objets. Les chasseurs, suggestionnés par l'angoisse, voyaient des signaux sur tous les mâts de pavillon. Les tuyaux de cheminée prenaient à cinquante pas l'apparence d'espions aux aguets : on les mitraillait avec une joie féroce et imbécile. Pour un Chinois qu'on prit sur le toit d'une maison, agitant au-dessus de sa tête une loque rouge, et qui fut fusillé après avoir été à moitié étranglé, on crut en voir trente autres agir de même sur tous les toits.

Cette chasse opiniâtre donna de maigres résultats. Soit que les espions fussent infiniment moins nombreux qu'on ne les croyait, soit que leur adresse, leur prudence et leur connaissance des lieux les protégeassent contre la poursuite maladroite des soldats, très peu furent pris. On réussit seulement à arrêter quelques vagabonds.

Étaient-ce des espions, des rôdeurs en quête de vivres ou de butin, des domestiques imprudemment envoyés en course par leurs maîtres ?..... on ne le sut jamais exactement.

Ceux qui ne savaient pas faire un signe de croix, ou le faisaient avec hésitation, en se trompant, étaient réputés Boxers ; ceux qui se signaient rapidement, avec ostentation, devaient être aussi des espions qui avaient surpris le signe des chrétiens ; si bien qu'on les tuait tous.

Après un court interrogatoire, trois ou quatre sol-

dats entraînaient la victime qui se débattait en hurlant, se prosternait aux pieds de ses bourreaux, leur
mordait les mains, clamait d'incompréhensibles supplications. On adossait l'homme à un mur et l'on
faisait cercle autour de lui pendant qu'un des soldats
chargeait son fusil. Dès que le malheureux compre-
nait enfin qu'il échappait à la torture et devait seulement subir la mort, il s'agenouillait sans plus rien
dire et restait immobile, attendant avec une impres-
sionnante résignation le coup mortel.

On laissait là le corps, ou, si l'on était assez près
des maisons pour craindre la pestilence, on le jetait
à la rivière sans s'inquiéter s'il était mort ou seulement blessé. Quelquefois, un soldat s'amusait à far-
fouiller dans la chair pantelante avec sa baïonnette :
« Comme ça, tu n'en réchapperas pas ! »

C'est ainsi que la garnison, croyant se débarrasser
des espions, pratiquait l'assassinat à bon marché.
Mais si bon marché que cela fut, une balle par tête,
c'était encore trop cher ! On dépensait aux avant-
postes et à la gare une grande quantité de munitions,
les approvisionnements déjà faibles du début menaçaient de s'épuiser, les communications avec la mer
n'étaient pas rétablies et l'on ne prévoyait pas encore
le jour où des troupes de secours débloqueraient les
Concessions. Il était donc urgent de ménager les
cartouches et l'on imagina un procédé plus écono-
mique « d'expédier » les prisonniers.

Celui qu'on avait pris ce matin-là était un grand gaillard vigoureux et bien découplé. Maintenu aux épaules par deux soldats, il regardait autour de lui avec assurance et marmottait à voix basse des mots inconnus d'un air ironique et moqueur. Il portait, serrée à la taille, une ceinture rouge, signe distinctif des Boxers.

On le conduisit sur la berge, on lui lia les deux jambes, puis, après lui avoir attaché les bras derrière le dos et noué sa tresse de cheveux autour du cou, on le jeta dans la rivière.

Soit qu'il fût d'une force et d'une adresse exceptionnelles, soit que les liens des jambes eussent été mal attachés par les mains tremblantes des soldats qui sentaient confusément toute l'ignominie de leur conduite, on le vit apparaître à la surface au bout de quelques secondes.

A une dizaine de mètres du bord, la tête hors de l'eau, respirant avec effort, les bras toujours attachés derrière le dos, il nageait péniblement des jambes et se hâtait vers l'autre rive, à peine distante de quarante mètres. Sur la berge, les soldats regardaient bouche bée le malheureux qui, les yeux agrandis par l'angoisse et l'espérance, luttait de toutes ses pauvres forces paralysées par les liens contre la mort hideuse qui le happait.

Quelques-uns, peut-être, se réjouissaient secrètement de le voir échapper au supplice barbare qu'ils lui avaient préparé avec répugnance. Mais un officier dit alors quelques mots d'une voix furieuse et agitée, les fusils s'abaissèrent machinalement et la rivière se piqueta sous le choc des balles tout autour de la tête noire.

Il fut tué seulement à la dixième balle, coula brusquement et, dans le remous jaunâtre, une petite tache rouge parut, qui tourbillonna, s'étendit, partit au fil du courant et se dilua bientôt dans la boue nauséabonde des eaux troubles.

C'est ainsi que, répudiant tout sentiment humain, ces prétendus chrétiens pratiquaient de sang-froid l'assassinat et suppliciaient sans raison des inconnus peut-être innocents, en tous cas, moins coupables qu'eux-mêmes.

VI

Chaque jour qui passait, depuis la première attaque des Chinois contre la gare, augmentait les angoisses et l'énervement des assiégés.

Etroitement bloquées dans les petites Concessions, les troupes européennes n'avaient aucune nouvelle du dehors. Téléphone, télégraphe, chemin de fer, tout était détruit. La circulation sur la rivière s'était forcément interrompue à la suite de la baisse des eaux que les Chinois avaient provoquée en brisant les écluses des canaux d'alimentation. La petite garnison et les rares négociants demeurés avec elle se voyaient isolés dans ces ruines, perdus dans l'immensité de la plaine marécageuse, accolés contre l'énorme ville en furie qui déversait sur eux l'horreur d'un déluge d'acier, environnés d'espions fanatiques, assiégés par des troupes en délire dont on entendait la nuit les cris de haine et de victoire, scandés brutalement par la voix grave du canon. Tous passaient à chaque instant de la plus folle espérance au plus sombre désespoir, et les hypothèses les plus extraordinaires prenaient aux yeux mêmes de leurs auteurs la force de vérités absolues. Tantôt, on prédisait qu'après la chute inévitable des légations de Pékin et la destruction prochaine de la colonne de secours, des dizaines de milliers de soldats impériaux descendraient des hautes plaines, ivres de leur première victoire et décupleraient la force des assiégeants. Tantôt, au contraire, on croyait entendre du côté de la mer le bruit de la canonnade, et tous affirmaient que les secours étaient débarqués, qu'ils balayaient en ce moment les armées chinoises et qu'ils entreraient demain dans les Concessions débloquées, au bruit des fanfares et des acclamations.

A chaque accalmie du bombardement, les gens bien informés et les stratèges déclaraient que l'ennemi, levant le siège, était parti barrer la route aux Européens qui montaient de Takou ; mais, lorsqu'au bout d'une heure, la pluie de fer reprenait avec acharnement, tous en concluaient que les renforts étaient certainement proches et que les Chinois, pour n'être pas pris entre deux feux, cherchaient à se débarrasser au plus vite des Concessions. Dans cette rivière tortueuse où les grandes jonques étaient échouées et retenues par la vase, on voyait déjà circuler des canonnières cuirassées dont les gros canons à la voix puissante frapperaient l'ennemi de terreur et réduiraient, en se jouant, les batteries assiégeantes au silence.

Suivant l'état de fatigue du moment, chacun prenait les champs de haut sorgho qui barraient au loin l'horizon, tantôt pour des troupes impériales, tantôt pour les renforts européens ; on allait jusqu'à distinguer les fantassins de la cavalerie et l'illusion atteignait parfois de telles proportions que certains supputaient l'effectif de ces troupes fantastiques.

Privée de tout renseignement certain, sans cesse trompée par les rapports contradictoires des espions peu sûrs et qui disaient tout ce qu'on voulait pour une platée de riz ou une poignée de sapèques, la garnison acceptait les hypothèses les plus invraisemblables, ajoutait foi aux renseignements les plus suspects sans réfléchir ni chercher à comprendre.

Un avis d'origine inconnue parvint un soir aux assiégés : las de leurs échecs répétés devant la gare, les Chinois avaient résolu d'user d'un stratagème pour surprendre les Concessions pendant la nuit.

Profitant des heures obscures et de l'abri des immenses tas de sel qui s'alignaient sur la rive gauche de la rivière, des Boxers devaient s'embarquer sur les jonques accostées le long de cette rive. Les amarres coupées, les jonques devaient descendre au fil de l'eau, et bientôt pressées l'une contre l'autre, former une sorte de pont qui livrerait passage aux bandes assaillantes.

Quelques secondes de réflexion eussent montré à des hommes de sang-froid toute l'absurdité de ce plan prétendu. Le pont de bateaux qui reliait les Concessions à la gare formait une barrière infranchissable entre la ville chinoise et ces jonques. Les soldats qui occupaient la station étaient trop près de là pour laisser passer inaperçue la marche du grand nombre d'hommes nécessaires à l'exécution de cette surprise. Sur cette rive gauche de la rivière, dans toute la partie qui faisait face aux Concessions, des détachements européens patrouillaient constamment; jamais les Impériaux n'avaient pu s'y installer. La fusillade qui partait des tas de sel et qui rendait souvent intenables les quais des Concessions, était le fait de Boxers trop peu intelligents et trop peu nombreux pour tenter une attaque aussi difficile. Un pont de bateaux formé de cette singulière façon devait constituer, pour une colonne d'assaut, un chemin si périlleux qu'une troupe d'une bravoure surhumaine oserait seule en tenter le passage ; et les Européens auraient dû, depuis longtemps, savoir à quoi s'en tenir sur la valeur des troupes célestes. Si même, sans attendre l'aléatoire formation du pont, la colonne d'assaut avait pris place sur les jonques et traversé par groupes la rivière, le mouvement aurait été d'une lenteur effrayante, et les assaillants, soumis en foule compacte et sans défense au feu dirigé sur eux à bout portant, auraient tous été tués avant d'avoir abordé à la rive attaquée.

Mais nul de ceux qui reçurent ce mystérieux avis ne voulut réfléchir ; tous acceptèrent les yeux fermés cette menace puérile ; personne n'eut même l'idée de visiter, avant la chute du jour, ces jonques devenues suspectes et qui stationnaient à deux pas de la gare et du pont de bateaux.

Toute la nuit se passa dans l'énervement de l'attente, mais l'attaque n'eut pas lieu. Au jour levant, rien ne bougeait sur la rivière paisible qui charriait avec ses eaux bourbeuses des charognes ballonnées d'animaux et de Chinois. On procédait avec tranquillité au remplacement des sentinelles et chacun remarquait le mutisme inaccoutumé des forts ennemis lorsque le cri : « Aux armes » retentit tout à coup : une des jonques venait de se détacher très en amont et descendait au fil du courant. En un instant, la berge européenne se couvrit de défenseurs qui s'alignaient fébrilement et chargeaient leurs armes avec des gestes hâtifs et maladroits.

Au milieu du silence qui pesait sur tous, sous le soleil ardent, la jonque descendait doucement, tournoyait avec lenteur au gré des remous, tantôt près d'une rive, tantot près de l'autre, sombre, impassible et muette. Sur le pont, nul être n'apparaissait. Elle semblait une chose morte, abandonnée, toute pareille dans sa décrépitude vermoulue aux cadavres qui lui faisaient cortège. Cependant, la peur perçait ses murailles et montrait aux soldats énervés des centaines d'ennemis cachés dans ses flancs. Quand elle passa devant le quai gardé par la troupe, un coup de canon lui fut envoyé, mais elle ne coula pas. Le choc la fit osciller, tourner un peu plus vite sur elle-même, puis elle s'échoua, lourde et silencieuse, sur la berge opposée. Aucun cri, aucune plainte. Privée de mouvement, elle semblait, avec le trou béant de l'obus, un peu plus morte qu'auparavant.

Tandis que les soldats regardaient stupides cette sombre masse qui s'échouait sournoisement et semblait s'endormir sans révéler son secret, un autre cri d'alarme fit tourner toutes les têtes. Une deuxième jonque s'était détachée pendant que l'on canonnait la première et, suivie de plusieurs autres, descendait la rivière dans le silence et le mystère. Sur celle-ci non plus, aucun ennemi ne paraissait. Comme la première, elle allait avec l'indifférence d'une chose morte, roulant de droite et de gauche sa masse noire ornée de deux yeux symboliques. Cette fois, le danger semblait si proche, la jonque paraissait suivie d'un si grand nombre d'autres, que les plus hardis des soldats, profitant d'un écart qui la rapprochait de la berge européenne, sautèrent à bord. On leur jeta des cordes et le bateau silencieux, obéissant à la soudaine traction, s'accosta le long du quai. Avec des cris de triomphe qui masquaient mal l'appréhension du secret qu'on allait découvrir, tous se ruèrent sur le pont désert. Les écoutilles arrachées, balles meurtrières et baïonnettes plongèrent avec frénésie dans l'obscurité de la cale. Des cris déchirants de douleur et d'épouvante jaillirent de l'ombre, puis, au bout de quelques secondes, de nouveau pesa le silence.....

Il mourut là quelques pauvres diables, une dizaine d'inconnus, probablement une famille de mariniers ou des paysans qui s'étaient cachés par crainte égale des Boxers et des Européens. Du reste, aucune arme. Nul n'osa s'assurer qu'il n'y avait pas, dans le nombre des victimes égorgées, des femmes ou des enfants.

C'est seulement après l'odieux résultat de ce stupide combat que l'on prit des renseignements sur le mystérieux départ de toutes ces jonques et voici ce que l'on apprit : D'autres soldats européens avaient,

au petit jour, franchi la rivière et c'étaient eux qui
coupaient les amarres et lançaient les jonques à la
dérive, sans s'inquiéter de savoir si elles étaient habitées ou non et sans prévenir leurs alliés. Cette manœuvre extraordinaire avait un but plus extraordinaire encore : il s'agissait de soustraire toute la
flottille à l'incendie que ces soldats se proposaient
d'allumer..... Ils voulaient mettre le feu aux tas de
sel.....

Ainsi, l'excitation du combat face à face, la frénésie causée par le fracas des obus et le sifflement
des balles, l'ivresse provoquée par le sang répandu,
la crainte des châtiments, l'attirance maladive de la
mort n'étaient déjà plus nécessaires à ces hommes
pour déchaîner leur folie meurtrière. Les assassinats
causés par la peur instinctive des espions et la hantise irraisonnée des traîtres avaient pu prendre
l'apparence d'exécutions utiles ou de justes repré-
sailles ; mais là, rien ne justifiait le massacre d'innocents fourvoyés malgré eux dans une bagarre
causée par la stupidité même des assassins. On tuait
pour tuer, bêtement, lâchement, parce qu'on avait
des armes et qu'il fallait bien s'en servir. Tous ces
hommes étaient devenus semblables à des bêtes
fauves qui se jettent sur la première proie venue,
non parce qu'elles ont faim, mais parce qu'elles ont
peur ou qu'on les a dérangées par mégarde. Parce
que des soldats avaient conçu le projet le plus stu-

pide qu'on puisse imaginer, d'autres hommes, sans chercher à rien voir ni rien comprendre, s'étaient rués comme des brutes à la boucherie.

Parmi ces fous furieux, plusieurs n'étaient point par métier ou par obligation des assassins. Personne n'avait obligé quelques-uns de ces bouchers de chair humaine à se glisser dans les rangs des soldats qui étaient venus là pour les défendre. Ils n'avaient reçu de personne la mission de coopérer à l'œuvre sanglante et, d'ordinaire, ils étalaient sur le seuil de leurs boutiques ou devant les comptoirs de zinc des bars à la mode les sentiments pacifiques de paisibles commerçants. Mais, ce jour-là, pour secouer la peur dont de plus peureux qu'eux les accusaient, pour prouver on ne sait quelle stupide virilité, ils avaient voulu faire œuvre de héros et s'étaient conduits comme des bêtes féroces.....

Puis, le temps continuant de couler, on oublia l'épisode infâme et d'autres travaux sollicitèrent les soldats.

VII

Pendant la nuit, les Concessions s'entouraient d'un cordon de sentinelles des différentes nations représentées dans la garnison et le service se faisait, ici ou là, suivant l'humeur particulière de chaque détachement, l'instruction plus ou moins grande des soldats et la discipline plus ou moins sévère que maintenaient les officiers. Dans certains endroits, particulièrement les plus exposés à la fusillade, les sentinelles restaient des heures entières immobiles, le fusil en arrêt, attentives au moindre bruit, préoccupées seulement de bien exécuter leur consigne et gardant, par la tension de leur esprit, assez de sang-froid pour ne pas tirer au hasard. A côté d'elles, d'autres petits soldats, bouclés, sanglés, ceinturonnés de près, accomplissaient dans l'ombre des mouvements d'une précision comique de parade ; ils semblaient ignorer les balles qui giclaient tout autour d'eux et ne pensaient avec naïveté qu'à garder une raideur nouvellement apprise. Plus loin, de grands et solides gaillards, coiffés de feutres défoncés, le plus souvent sans veste, semblaient là comme des spectateurs indifférents ; ils quittaient facilement leur poste pour marauder et passaient leur temps à tirer à tort et à travers sur les cadavres qui descendaient au fil de l'eau, ou sur les chiens errants.

Les soldats qui gardaient l'Ecole de médecine accomplissaient généralement leur service avec le calme d'une troupe aguerrie. Jamais des bandes nombreuses de Boxers ou de réguliers n'étaient venues de ce côté, et les rares cartouches dépensées l'avaient été pour éloigner des rôdeurs que tentaient les ruines des lupanars. Le faubourg chinois était tout proche et les soldats impériaux en avaient solidement fortifié les dernières maisons qu'une petite plaine de deux cents mètres séparait du mur de l'Ecole. Dans la journée, on apercevait distinctement les turbans blancs de leurs sentinelles aller et venir derrière les barricades ; mais, par une sorte d'accord tacite, on n'échangeait aucune fusillade. Les soldats chinois semblaient se contenter de surveiller de ce côté une des entrées des Concessions et, pourvu qu'on ne les provoquât pas, ils gardaient l'allure de gardiens pacifiques. Par une entente tacite plus curieuse encore, le bombardement qui fouillait si violemment, de jour et de nuit, tous les coins des Concessions et surtout les endroits où stationnaient des troupes, épargnait systématiquement l'Ecole ; les rares obus qui la touchèrent pendant toute cette guerre le firent par mégarde et, manifestement, devaient être destinés à quelque autre but. Entente préalable entre les directeurs chinois de l'Ecole et les généraux impériaux ?..... On ne le savait pas bien exactement ; mais en quittant l'enfer des Concessions pour entrer dans cette demeure remplie de Chinois, gardée par des blancs et surveillée du dehors par des soldats ennemis, on avait l'étrange impression d'une chose sacro-sainte que les deux adversaires respectaient avec le même soin en s'aidant mutuellement pour sa sécurité.

La nuit était calme et sereine. Le ronflement sourd des obus qui volaient entre les forts chinois et les Concessions, troublait de temps en temps le silence dans lequel toute l'Ecole était plongée. Les sentinelles placées aux fenêtres des galeries qui dominaient la plaine écoutaient, dans une demi-somnolence, la canonnade lointaine et, soulevant avec peine leurs paupières appesanties, cherchaient à percer l'ombre silencieuse qui couvrait les maisons fortifiées des soldats ennemis. Un étudiant chinois montait la garde avec les Européens pour les renseigner au besoin et les guider dans l'immense établissement. La tête au mur, il sommeillait sur un pliant, dans un coin de galerie obscur.

Dans l'intervalle des détonations éloignées, les sentinelles entendaient sortir de l'ombre les aboiements des chiens et les grognements des porcs qui chassaient dans la plaine. A la faible lueur des étoiles, on les voyait quelquefois aller et venir d'un air affairé, puis se terrer brusquement sur la proie découverte et déchirer à belles dents les cadavres de rôdeurs ou de Boxers, tués la veille, et que leurs compatriotes ni les Européens n'osaient enlever sous la fusillade. Ces chasseurs étranges se livraient parfois de furieux combats et se disputaient des lambeaux de chair pourrie avec un féroce acharnement qui n'excluait pas la prudence. Car ils ne s'éloignaient jamais dans le sud, où certains postes européens les fusillaient sans merci.

Les postes chinois et la garde de l'Ecole évitaient, au contraire, de faire inutilement du bruit, de sorte que les bêtes prudentes s'habituèrent à chasser surtout de ce côté, entre les lupanars et les maisons fortifiées du faubourg.

Au milieu de la nuit, une des sentinelles aperçut, dans un rassemblement de chiens et de porcs, une forme humaine qui marchait lentement et se dirigeait avec des précautions infinies vers les ruines informes des lupanars. Le rôdeur passait si loin de l'Ecole que l'homme ne crut pas devoir tirer ; mais comme souvent des Boxers profitaient de la proximité des ruines pour s'y cacher en attendant l'occasion propice d'une attaque, la sentinelle prévint à voix basse ses camarades les plus proches. Tous les soldats, subitement redressés, scrutèrent avec impatience l'ombre mystérieuse des maisons brûlées dans laquelle venait de disparaître le rôdeur.

Réveillé par le chuchotement, l'étudiant chinois vint, lui aussi, s'accouder à une fenêtre et regarder.

Pendant plus d'une demi-heure, on ne vit rien. A l'entrée du rôdeur dans les ruines, de furieux aboiements avaient retenti, puis, au bout de quelques minutes, tout s'était tu.

Dans la galerie silencieuse, les soldats et l'étudiant, le cou tendu, la tête penchée au dehors, cherchaient à voir ; mais rien ne paraissait ; les minutes s'écoulaient et les veilleurs commençaient à s'énerver.

A voix basse, ils échangeaient leurs réflexions inquiètes, et le bruit des chuchotements allait grandissant avec l'impatience ; si bien qu'à plusieurs reprises, le sous-officier de service dut intervenir pour ramener les hommes au calme qu'il ne possédait pas lui-même. Ce groupe lugubre de maisons accroupies, tache noire dans le noir de la plaine, semblait à présent surgir de l'ombre comme une menace formidable. Dans les lueurs fugitives que la fatigue et la tension des nerfs faisaient passer devant leurs yeux, les soldats croyaient voir remuer des formes vagues qui disparaissaient et reparaissaient à chaque clignement de paupières.

Angoissés par l'attente de l'attaque mystérieuse qui se tramait devant eux, hypnotisés par la masse noire des murs écroulés, hallucinés par la peur et l'énervement, ils serraient à les briser les crosses de leurs fusils lorsqu'un d'entre eux, par un cri étouffé, prévint ses camarades. Le rôdeur émergeait des lupanars et marchait dans la pénombre de la plaine vers le faubourg chinois.

A peine parut-il qu'un coup de feu fut tiré sans l'atteindre. Il marchait très lentement, soit que le ballot dont ses épaules étaient chargées fût trop lourd pour ses forces, soit que sa marche fût embarrassée par le terrain fangeux. Au sifflement de la balle, il s'élança pour courir sans lâcher son fardeau. Il fit quelques pas en trébuchant, comme un homme ivre ou un malade, et s'arrêta. Une seconde balle passa près de lui sans le toucher ; il se remit alors en marche avec une allure si étrangement claudicante que l'étudiant, qui l'observait avec attention, poussa un cri d'effroi et releva d'un geste prompt le fusil d'une sentinelle qui se braquait déjà pour une troisième décharge. Au même instant, quelqu'un tira et l'homme s'écroula, pendant que l'étudiant courait d'un soldat à l'autre en bredouillant des mots anglais avec une hâte effrayée et de grands gestes de terreur.

..... Eh bien ?..... Quoi ?..... Que voulait-il ?..... Ne pas tirer ?..... En voilà une idée ?..... Ce n'est pas un Boxer ?..... Ce n'est pas un homme ?..... Qu'est-ce que c'est ?..... Bah ! Un Chinois de plus ou de moins.... Tant pis !.....

A ce moment, comme le rôdeur se relevait, et, les bras au ciel, le fardeau lâché, cherchait à fuir en boitillant, la fusillade s'égrena sur toute la façade de l'Ecole, malgré les cris de l'étudiant qui finit par se cacher la tête dans les mains pour ne plus voir. Trois fois, l'homme tomba ; trois fois il se releva et fut de nouveau couché par la rafale invisible. A la quinzième balle, il s'écrasa la face contre terre et ne bougea plus..... abandonné, solitaire, au milieu de la plaine d'où les chiens épouvantés avaient fui.....

Au jour levant, les soldats et les étudiants de l'Ecole trouvèrent, à cent mètres du mur d'enceinte,

le cadavre percé de balles d'une vieille Chinoise à
cheveux blancs. On jeta quelques pelletées de terre
sur le corps dont la vue scandalisait les étudiants et
leurs femmes. Toujours tranquilles derrière les murs
crénelés de leurs maisons, les sentinelles ennemies
ne troublèrent pas ces furtives obsèques.....

VIII

Les renforts attendus avec tant d'impatience arrivèrent enfin. Des colonies européennes les plus
proches du Pé-Tchi-Li, on avait fait partir, dès les
premiers jours, des transports chargés de troupes.
Une première colonne, deux mille fantassins avec
plusieurs canons, s'était rassemblée à Takou et,
refoulant devant elle quelques bataillons chinois,
était entrée dans les Concessions après deux jours
de marche. Le général qui la commandait apportait
l'heureuse nouvelle de la prochaine arrivée d'autres
renforts beaucoup plus importants.

La vue de ces troupes fraîches, à peine éprouvées
par la marche, avec leurs uniformes propres, leurs
fourniments bien ordonnés, leurs poches bourrées
de cartouches, secoua joyeusement l'apathie des
assiégés et fit disparaître, en un instant, toute trace
de découragement. On oublia vite les affres des premiers jours, les privations, les souffrances, les

angoisses, les morts et les ruines pour ne plus songer qu'au riant avenir. Puisque l'on était plus nombreux, que les Concessions étaient déblcquées, que d'autres renforts étaient proches, on allait enfin cesser cette défensive énervante, sortir des trous de taupe où l'on se terrait depuis trop longtemps et conquérir en un tour de main cette grande ville insolente.

On commencerait d'abord par délivrer la colonne de Pékin, dont on avait reçu le jour même des nouvelles certaines. Obligée de quitter la ligne de chemin de fer, complètement détruite par les Boxers, elle s'était rabattue sur la rivière pour effectuer sa retraite vers Tien-Tsin. Mais, encombrée d'un grand nombre de blessés, privée de vivres, à court de munitions, elle s'était enfermée, presque sans avoir besoin de combattre, dans l'arsenal chinois de Si-Kou, à quelques kilomètres au nord de Tien-Tsin. Là, dans l'impossibilité d'avancer, séparée des troupes européennes par toute l'armée impériale, et d'ailleurs, ignorante des effets de la lutte entre la grande ville et les Concessions, elle avait à tout hasard détaché des émissaires indigènes dont l'un réussit à percer les lignes chinoises et à pénétrer, sans se faire mitrailler, dans les lignes européennes.

On décida donc d'envoyer dans la nuit une forte colonne qui devait rejoindre les troupes acculées dans Si-Kou, les ravitailler et protéger leur rentrée dans les Concessions. Tout le reste de la garnison, sauf le strict nécessaire pour la surveillance indispensable des retranchements, devait se tenir prêt à soutenir la marche en avant des secours. L'opération était fort dangereuse, car il s'agissait, pour cinq cents hommes d'infanterie, de longer toute l'armée ennemie et tous les forts de Tien-Tsin, de se laisser couper la retraite, puis, après avoir opéré la jonction désirée à Si-Kou, de revenir par le même chemin périlleux en escortant une troupe à bout de forces et plusieurs centaines de blessés. En dernier ressort, si la première colonne se trouvait compromise dans sa marche en avant ou sa retraite, on serait amené à combattre en rase campagne, sans aucun ouvrage défensif, presque sans canons, contre toute l'armée impériale, appuyée sur des fortifications redoutables, et l'on ne mettrait guère en ligne plus de trois mille soldats, la plupart exténués, contre quinze mille Impériaux, enorgueillis de leurs premières victoires et soutenus par la tourbe innombrable des Boxers. Mais la situation était si grave qu'il fallait agir immédiatement et l'on agit.

Personne ne sut jamais comment il se fit que les Chinois laissèrent cette expédition hasardeuse s'accomplir sous leurs yeux sans rien tenter pour l'arrêter. Il eût suffi du plus petit effort de leur part pour entraîner tous les Européens dans un désastre et, du coup, saisir les Concessions dégarnies de troupes.

Pendant les quarante-huit heures que dura l'opération, ils se tinrent cois dans leurs forts et derrière leurs barricades, comme ignorants de l'occasion propice d'assurer leur victoire ou bien incapables de la moindre résolution. Ils s'abstinrent même de bombarder comme de coutume les Concessions pendant toute la rentrée des délivrés et de leurs sauveurs.

Ce fut donc un retour pacifique, mais lamentable. Les blessés les plus graves, portés sur des brancards, ouvraient la marche. Les moins atteints se traînaient péniblement, appuyés sur des bâtons ou soutenus par des camarades à peine plus solides qu'eux. Le reste de la première troupe, complètement débandée, marchait pêle-mêle avec les blessés et leurs soutiens, et, dans la cohue désordonnée, semblable à quelque misérable troupeau de bêtes aux abois, allait le chef de l'expédition, confondu dans la foule avec ses officiers. D'autres troupes venaient ensuite, avec un semblant d'ordre et de régularité, conduites par leurs chefs ; une d'entre elles essayait vainement de retrouver encore la raideur habituelle de ses parades, tandis que la suivante se groupait avec fierté derrière le seul canon que l'on avait pu sauver dans la déroute.

Et ce long défilé donnait l'impression de quelque lente et mélancolique débâcle. Appuyés les uns sur les autres, faisant de vains efforts pour marcher au pas, tous ces hommes allaient, se hâtant lentement, comme des bêtes fourbues qui devinent l'écurie. Couverts de boue fétide et de sang coagulé, vêtus de haillons sans couleur, les pieds nus ou chaussés d'ignobles savates chinoises, sans musettes ni havre-sacs, ils marchaient plus semblables à des prisonniers qu'à de libres soldats. Sur leurs figures éma-ciées, dans leurs yeux caves au regard fixe ne se lisait que le désir de s'arrêter enfin et le besoin d'un impérieux sommeil.

Les soldats de la garnison assiégée regardaient silencieusement leurs tristes camarades défiler devant eux, se soutenant les uns les autres, lamenta-bles écloppés portant de lamentables blessés, et cette question se posait, involontaire : pourquoi tout cela ?

Pourquoi avait-on conduit tous ces hommes vers un but inaccessible et pourquoi les ramenait-on presque moribonds ? Comment cela s'était-il pro-duit ? Comment donc avait-on fait pour s'embarquer sans réfléchir dans cette pitoyable aventure, destinée fatalement à l'insuccès et qui s'était changée en désastre honteux ? N'était-on plus des Européens, des blancs, des civilisés, que l'on se laissait fouetter par des barbares ? Comment cela se faisait-il ? Com-ment deux mille Européens avec une dizaine de canons avaient-ils échoué piteusement devant le ridicule obstacle de fanatiques mal armés, et devant quelques bataillons de réguliers ?.....

Chacun pensait tout bas qu'il connaissait trop bien la réponse. Pour secourir leurs compatriotes enfermés dans Pékin et qui s'attendaient chaque jour à être attaqués par les Boxers, secrètement soutenus par la cour impériale, tous les Européens étaient d'accord. Mais, lorsque les nouvelles des légations cessèrent d'arriver et que, pour sortir d'une cruelle incertitude, il fallut passer de la parole aux actes, par vanité, par désir égoïste d'être le premier ou le seul à conquérir la gloire, par envie jalouse d'éclipser tous les autres et de les humilier, l'un des chefs débarqua rapidement devant Takou toute la troupe qu'il put réunir, gagna Tien-Tsin et déclara qu'il partait, qu'il volait au secours des assiégés de Pékin. Bien qu'en effet, la situation des Européens enfermés dans cette ville fût inquiétante, elle n'était pas désespérée puisqu'aucune attaque n'avait encore eu lieu. D'ailleurs, ils n'étaient point sans défenseurs ; des troupes leur avaient été envoyées qui pourraient soutenir au moins le premier choc : on le vit bien par la suite. Cependant, personne ne voulut réfléchir. Eblouis par la jactance de ce chef, les autres commandants européens voulurent faire aussi bien, et, sans préparation, presque sans vivres, avec une misérable quantité de munitions, les troupes s'embarquèrent dans les trains à la poursuite des premiers partis, soucieuses non pas de secourir les légations, mais seulement de ne pas se laisser dislancer. Par envie, par jalousie, par orgueil, tous les chefs emmenèrent au plus vite avec eux ce qu'ils purent trouver de soldats, parce qu'il s'agissait bien moins d'être utile ou victorieux que d'être aux côtés du promoteur de cette folle équipée.

Ce que l'on aurait dû prévoir à l'avance était arrivé : Moins d'une heure après leur départ de Tien-Tsin, les trains qui portaient les troupes avaient dû s'arrêter, la voie étant détruite. Comme la colonne se composait en majeure partie de matelots inaptes à la marche prolongée et mal équipés pour trans-porter leur bagage, le chef avait hésité à faire par-courir à pied les quelque cent kilomètres qui le séparaient de Pékin. Il s'était obstiné pendant plu-sieurs jours à tenter l'impossible réparation de la voie ferrée.

Immobilisés en rase campagne, les Européens s'étaient bientôt vus en butte aux attaques des Boxers qui détruisirent le chemin de fer en arrière des trains, supprimant ainsi tout espoir de retraite facile. Et, quand, à bout de vivres, privée d'eau, presque à court de munitions, la colonne avait aban-donné les trains pour battre en retraite en longeant la rivière, les Boxers, aidés bientôt par les soldats réguliers, l'avaient suivie pas à pas, la harcelant sans répit et se dérobant toujours devant une attaque vigoureuse. En peu de temps, le nombre des blessés devint si grand que les malheureux matelots, privés de tout, même des vêtements indispensables, se trouvèrent, comme ils dirent, acculés au naufrage. Par un dernier effort, ils se jetèrent, tel un navire qui fait côte, dans l'arsenal de Si-Kou, peu ou pas défendu, et là, dans l'impossibilité d'avancer, non seulement à cause du convoi de blessés, mais encore à cause de leur fatigue écrasante et de leur dénuement complet, ils attendirent, sombres et résignés, ou l'égorgement probable ou la délivrance hypothétique.

Il y eut, parmi les Européens au courant des choses chinoises, des hommes qui désapprouvèrent cette expédition comme trop hâtive, hasardeuse, provocatrice et peut-être bien inutile ; mais, du moment qu'un des chefs militaires, par folle gloriole, voulait avancer, il avait bien fallu que les autres fussent aussi fous et vinssent avec lui.

Quelqu'un crut trouver le mot de la situation en qualifiant l'expédition d'enfantillage. En vérité, c'est un bien cruel enfantillage que de conduire à l'aventure deux mille jeunes hommes, de les mener à l'aveuglette et de les égarer dans un pays inconnu en leur faisant subir, par sottise et par impéritie, toutes les tortures de la faim et de la soif, de les pousser sans rime ni raison à la boucherie, d'en perdre cinquante inutilement massacrés et d'en ramener plus de deux cents estropiés !

IX

Les assiégés de la première heure avaient vu revenir avec joie leurs malheureux camarades de la colonne de Pékin ; ils avaient accueilli par des transports d'enthousiasme les renforts attendus avec tant d'impatience ; mais les nouveaux venus déçurent toutes les espérances. Partis de Port-Arthur et de Kiao-Tchéou, ces nouveaux combattants avaient reçu, à leur arrivée à Takou, des renseignements qui montraient la situation sous un jour favorablement mensonger ; leur illusion dura peu.

La vue des ruines qui couvraient entièrement la Concession française et désolaient cruellement les autres quartiers ; le nombre effrayant des blessés entassés dans les hôpitaux, la fureur et la précision du bombardement, l'instruction des troupes adverses, la redoutable disposition des fortifications qui entouraient la grande ville, tout leur fit comprendre combien la tâche était malaisée. Malgré tous les encouragements, malgré l'urgence de se délivrer au plus vite de Tien-Tsin pour ouvrir la route de Pékin et secourir les légations, ils décidèrent de s'organiser d'abord, puis d'attendre de nouvelles forces pour attaquer.

Presque toutes les troupes de la défense station-

naient sur la Concession française qui couvrait les
autres et, par suite, était la plus exposée au bombardement et la seule qui subit des attaques formelles.
Les premiers renforts, composés en majeure partie
de soldats russes, allèrent donc s'installer sur le territoire français ; mais la petite Concession n'offrait
plus que des ruines à ses défenseurs, déjà trop nombreux pour rester sans trop de danger dans un espace
aussi restreint. Toutes les troupes russes l'évacuèrent pour camper de l'autre côté de la rivière.

L'endroit choisi fut l'Ecole militaire chinoise,
vaste terrain clos de murs, couvert de nombreux
bâtiments et situé sur la rive gauche en aval des tas
de sel.

Les Chinois qui occupaient d'ordinaire cette école
l'avaient évacuée au commencement des hostilités
et les Européens s'en étaient emparés sans coup
férir.

Elle était dans un état de malpropreté répugnant.
Les soldats impériaux avaient tout laissé dans un
désordre que les troupes conquérantes avaient augmenté, dans leur imprévoyance, en faisant exploser
l'important dépôt de cartouches de l'école. Une
grande partie des bâtiments avait été brûlée de ce
fait et le reste pourrissait dans la crasse.

Les nouveaux occupants s'installèrent donc dans
l'école et les champs avoisinants. Bien que la pro-
preté ne fût pas leur vertu la plus grande, ils s'occu-

pèrent tout d'abord à nettoyer quelque peu le cloaque chinois. Comme la plupart de ces travaux d'assainissement répugnaient aux soldats et que, d'un autre côté, les fréquents mouvements des troupes impériales donnaient peu de loisirs, on se mit en quête de travailleurs indigènes. Les Concessions regorgeaient de Chinois dont le plus grand nombre était employé aux basses besognes ; ceux-là, personne ne voulut s'en dessaisir. Les autres, des chrétiens réfugiés chez les missionnaires, n'osaient sortir et leurs protecteurs étaient peu désireux de les confier à des étrangers dont la brutalité était bien connue. En désespoir de cause, on se mit à razzier les villages voisins.

Une véritable chasse à l'homme s'organisa. Chaque matin, de fortes patrouilles quittaient le camp et parcouraient la banlieue, arrêtant tout ce qu'elles trouvaient. En quelques heures, on arrivait à capturer un certain nombre de pauvres diables de paysans qui crevaient de faim derrière les murs écroulés de leurs masures, ou des ouvriers de la grande ville qui avaient fui par peur des Boxers ou du canon et qui erraient dans la campagne en disputant aux chiens leur maigre provende. Mis à la tâche, ils travaillaient aux pires besognes sans recevoir la moindre nourriture, jusqu'à ce qu'ils fussent abrutis par la faim, la fatigue et les coups.

Lorsqu'ils se couchaient par terre et que le fouet

ou le bâton devenait impuissant à les relever pour continuer leur travail, on les fusillait dans un coin et l'on repartait en chercher d'autres qui commençaient par enterrer leurs compatriotes, poursuivaient leur tâche et subissaient finalement le même sort. Comme disaient les chefs, c'était tout bénéfice : le travail était fait et l'on ne dépensait pas de vivres.

Et ces lâches bourreaux ne manquaient pas, chaque soir, d'invoquer pieusement, par des chants et des prières stupides et sacrilèges, celui qu'ils appelaient le Dieu d'amour et le père de tous les hommes !

S'il était possible d'admettre que la fatigue, les privations, la crainte d'un danger mortel fassent obligatoirement disparaître du cœur de l'homme toute trace de sentiments élevés, au point qu'il se ravale au rang de la brute et se croie obligé d'étripailler son prochain, les crimes qui se commettaient chaque jour dans les Concessions auraient eu un semblant d'excuse, à cause des transes dans lesquelles vivaient depuis longtemps les premiers assiégés. S'il était possible de croire que l'homme possède le droit imprescriptible de défendre sa vie au prix de celle de ses frères, les centaines et les milliers de meurtres accomplis par les Européens depuis le commencement du siège auraient pu se comprendre et s'excuser ; mais ceux qui razziaient les Chinois vagabonds pour les assassiner, après les avoir abrutis par un travail de bêtes de somme, ne pouvaient prétendre à aucune explication, à aucune excuse pour pallier leur scélératesse.

Ils étaient nouveaux venus sur le théâtre des hostilités, ils n'avaient souffert encore ni de la faim, ni de la soif, ni de la fatigue, ni de la terreur. Ils ne connaissaient que par ouï-dire les affres du cruel bombardement, avec la mort ronronnante qui déchiquète les hommes cachés dans les caves et réduit en bouillie les soldats endormis. Ils n'avaient pas connu l'angoisse d'être bloqués, sans nouvelles et presque sans espoir de secours opportun. Ils avaient pu voir de loin les ruines amoncelées des quartiers européens, mais ils n'y habitaient pas sous la perpétuelle menace du toit qui croule ou du mur qui s'effondre. Ils vivaient sous le ciel clair, loin des lignes chinoises et n'avaient pas encore été attaqués. Ils avaient toute leur santé, tout leur sang-froid et n'étaient pas dans ce qu'on appelle l'état de légitime défense. C'est pourquoi ces hommes, en commettant sans excuse et sans raison ces meurtres épouvantables, étaient pires que les plus vils scélérats.

CHAPITRE IV

Le Charnier

I

C'était tout au commencement du siège, le lendemain même du premier assaut des Chinois contre la gare. Un détachement de marins français venait de rentrer d'une longue corvée dans son cantonnement. Après s'être débarrassés de leurs armes, les hommes s'étaient réunis dans une salle basse de la maison de ville. Bien qu'ils fussent débarqués depuis peu de jours et que leur vie maritime les eût rompus aux durs travaux, ils étaient tous fourbus de fatigue à cause de la marche inaccoutumée. Aussi les conversations s'éteignirent-elles bientôt et les matelots s'étendirent par terre pour dormir. Ils étaient couchés côte à côte et fort serrés à cause de l'exiguïté de la salle. En quelques instants, le silence s'établit complètement et ne fut plus troublé que par les ronflements sonores des dormeurs.

Les officiers du détachement, se trouvant désœuvrés, allumèrent des cigarettes et se mirent à causer près de la porte avec un jeune fonctionnaire employé de la municipalité. Quelques commerçants, venus aux nouvelles, se joignirent à eux. La conversation, coupée de fréquents éclats de rire, était fort animée. C'était précisément au temps où les esprits commençaient à se surexciter, où chacun croyait voir dans tous les coins des espions ou des traîtres. Un des officiers venait, disait-il, d'apercevoir un Chinois sur le toit même de la maison de ville ; on s'était de suite mis en chasse et le traître imaginaire n'avait pas été découvert.

Trop heureux de profiter de la défaillance d'un des leurs pour étaler aux yeux de tous un élégant sang-froid, les officiers plaisantaient à qui mieux mieux leur camarade qui se défendait avec vivacité, tandis que les commerçants faisaient chorus avec les rieurs. Comme à une réplique un peu trop vive de l'officier, quelqu'un venait de répondre par une impertinence, le jeune fonctionnaire prit la parole et, par une joyeuse plaisanterie, ramena dans le groupe la bonne humeur qui menaçait de s'en aller. Il n'avait pas terminé sa phrase qu'il fut violemment projeté contre le sol en même temps qu'une effroyable détonation ébranlait les murs de la maison : un obus chinois venait de frapper la porte de la salle basse.

Subitement réveillés par l'explosion, les matelots se virent, avec terreur, entassés dans cette salle obscure, toute remplie d'une fumée âcre et suffoquante dont ils ne pouvaient deviner la cause. Dans le brouillard jaunâtre, ce fut, pendant quelques minutes, un piétinement sourd de moutons affolés et des cris confus de douleur et d'angoisse. La salle se vida rapidement et, revenus à eux sous la lumière éclatante du jour, les hommes s'alignèrent machinalement dans la cour pendant que les officiers pénétraient dans la salle. Quand la fumée fut dissipée, on trouva près de la porte d'entrée deux dormeurs qui n'avaient pas bougé ; ils étaient étroitement serrés l'un contre l'autre et l'un d'eux appuyait sa tête sur la poitrine de son camarade. Ils paraissaient dormir paisiblement ; mais, quand on se pencha sur eux, on s'aperçut que le premier avait la figure arrachée ; le second, appuyé sur lui, avait les yeux grands ouverts et regardait avec effroi les officiers anxieux. Une bouillie rouge lui couvrait une épaule et toute la poitrine. Un peu plus loin, un troisième blessé, assis près du mur, appelait à l'aide d'une voix chevrotante et mouillée de larmes ; il avait une jambe labourée par un éclat.

Des matelots vinrent avec des brancards, étendirent avec précaution les trois blessés, dont l'un ne donnait plus signe de vie, et la lugubre procession se mit en marche vers l'hôpital en défi-

lant devant les hommes toujours alignés dans la
cour.

Immobiles, stupéfaits, les yeux encore rougis par
le sommeil, les marins regardaient sans comprendre.
La catastrophe qui les surprenait en plein songe ne
paraissait pas les avoir réveillés ; pétrifiés d'étonne-
ment, ils attendaient des ordres avec un machinal
effacement de la tête à chaque ronflement d'obus.
La vue des trois malheureux qu'on emmenait en
silence ne sembla pas les émouvoir ; mais la scène
qui eut lieu presque aussitôt près de la porte, parut
leur causer au contraire une forte impression.

Le jeune fonctionnaire qui riait de si bon cœur
un instant auparavant, était étendu sur le dos, bras
et jambes écartés. Empressés autour de lui, ses amis
s'efforçaient de le soulever ; mais, à chaque tenta-
tive, il les regardait avec terreur et poussait des
hurlements affreux qui serraient le cœur de tous.
Sans répit ni trève, il criait des lambeaux de phrases
craintives ou injurieuses, coupées brutalement par
ces cris d'horreur qui remplissaient la cour étroite.

Dans leur honte d'hommes bien portants, incapables de le soulager, les marins le contemplaient la
tête baissée. Après d'écrasantes minutes, on réussit
à glisser sous les reins brisés du malheureux une
large planche qui se teignit à l'instant en rouge vif.
Lèvres serrées, sourcils froncés, deux hommes sou-
levèrent péniblement le fardeau hurlant, sortirent

de la cour, et, pendant longtemps, la troupe écouta dans la stupeur les cris du blessé décroissant dans le lointain et que le chant de mort des obus accompagnait avec une brutale ironie.

Les quatre victimes furent conduites à l'hôpital français, vaste ensemble de bâtiments situés presqu'au centre de la Concession.

L'un des matelots avait été tué sur le coup ; le second mourut pendant qu'on le transportait ; mais le fonctionnaire vécut de longues heures encore. A la chute du jour, le détachement de marins ayant été cantonner dans un endroit moins dangereux et le bombardement semblant donner quelque répit, les officiers se rendirent à l'hôpital. Les trois matelots qu'ils venaient voir avaient été couchés dans la chapelle déjà remplie par une centaine de soldats blessés dans le combat de la veille.

Quand on ouvrait la porte de la chapelle, on ne distinguait rien tout d'abord, mais une bouffée d'air humide et chaud, tout chargé d'une fade odeur de chair et d'iodoforme, vous frappait le visage. Un vaste espace noir et silencieux s'étendait devant les yeux, piqueté çà et là des lueurs tremblotantes de bougies que l'atmosphère embuée couronnait d'une pâle auréole.

La porte refermée sur la lumière et les bruits du dehors, les yeux s'habituaient à la demi-obscurité, en même temps que les oreilles commençaient à percevoir une sorte de bourdonnement, de murmure confus qui remplissait la nef. Cette plainte monotone montait sans arrêt et presque sans secousse vers le noir impénétrable des hautes voûtes de pierre. De temps en temps seulement, un cri perçant, un gémissement plus aigu dominait le murmure qui semblait onduler lentement comme la mer sombre sous la nuit d'orage.

Étouffant ses pas trop sonores sur les dalles, on avançait et l'on découvrait bientôt la cause de cette plainte lamentable.

De chaque côté de la nef, des matelas et des nattes s'alignaient où des soldats blessés gisaient. Il faisait trop sombre pour que l'on pût distinguer leurs uniformes ou les bandages de leurs blessures. On ne voyait que deux rangées interminables de corps étendus côte à côte, immobiles et gémissants. Dans la pénombre, des hommes en soutane et des femmes en cornette, se penchant sur les mourants étendus, allaient et venaient silencieusement. Ils tenaient à la main des bougies dont la lueur éclairait leurs visages calmes et les traits contractés des moribonds. Et la plainte monotone, faible murmure d'angoisse, de désespoir et de reproches, accompagnait les pas des officiers.

Quelqu'un vint vers eux qui leur causa d'une voix étouffée :

« Trois Français ?..... Parfaitement, on les a

apportés tout à l'heure ; mais l'un d'entre eux, qui portait des galons de sous-officier, a été mis dans une autre salle. Les deux matelots sont là, entre des soldats russes. D'ailleurs, ils sont morts tous deux. Prenez cette bougie et veuillez les reconnaître avant qu'on ne les enlève. Car, ajouta l'homme avec un sourire timide, nous manquons de place ici, et puis ce n'est pas nous qui pouvons les enterrer. »

La bougie à la main, les officiers vont lentement le long de la triste rangée d'épaves et la petite lumière éclaire les blouses blanches des soldats. Tout au fond de la chapelle, à quelques pas de l'autel dominé par un Christ douloureux dont on ne distingue que les jambes, les deux cadavres sont étendus. Les officiers s'agenouillent et promènent d'une main tremblante la bougie sur les deux matelots dont ils avaient la garde. Au-dessus de l'uniforme du premier, une grosse masse rougeâtre étale un fouillis sanguinolent qui fut la tête, et l'on ne peut reconnaître le dormeur éternel qu'à sa taille élevée, à sa musculature puissante hier et devenue vaine pour toujours. Auprès de lui, son camarade est étendu, les yeux grands ouverts, les traits tirés, avec une effrayante expression de colère et de désespoir. L'épaule et la poitrine broyées ont déversé sur le col bleu un flot de sang coagulé où quelques mouches piquètent d'un air important, tandis qu'une mince traînée noirâtre s'est répandue depuis le nez jusque sur la joue où elle se fige en une grosse goutte pareille à une abeille.

Les officiers contemplent un instant ces deux hommes qui étaient autrefois des jeunes gens pleins de vigueur, d'espérance et de joie, puis la bougie s'échappe de leurs mains, s'éteint sur le sol et ils se relèvent hâtivement. Courbés en deux sous la plainte des blessés qui monte vers les voûtes comme une menace, ils s'en vont sur la pointe des pieds. Trébuchant dans la pénombre, sans mot dire, ils se pressent vers la porte, retenant leur souffle comme pour ne pas déchaîner la colère désespérée des malheureux qui gisent là dans la souffrance et ne songeant plus qu'à quitter au plus vite ce sombre enfer pour revoir le soleil éclatant, fût-ce au prix du mortel danger.

Transporté dans une chambre spéciale, le fonctionnaire vociféra toute la nuit sans qu'on pût lui apporter le moindre soulagement. Il mourut au jour levant, dans un dernier cri de douleur qui serra le cœur des assistants. A quatre heures du soir, on l'enterra dans la cour de la maison de ville, auprès de l'endroit où il avait été frappé. Tout ce qui restait de commerçants et de fonctionnaires dans la Concession suivit le convoi. Malgré les balles chinoises qui sifflaient avec rage, la jeune femme d'un haut fonctionnaire tint à honneur d'accompagner le mort jusqu'au bout. Un vieux prêtre à barbe blanche récita sur la tombe de longues prières, puis des discours furent prononcés où les vertus du défunt, son courage et les services qu'il avait rendus furent exaltés. Chacun défila devant le cercueil, secoua d'un air ému quelques gouttes d'eau consacrée, puis la tombe fut refermée à coups de pelle prudents et respectueux. Pendant ce temps, les deux matelots tués du même coup étaient jetés à la fosse commune.

II

Presque tous les blessés étaient soignés dans l'hôpital français, le seul établissement de ce genre qui existât sur le territoire des Concessions. On n'avait pas osé se servir de l'hôpital annexé à l'Ecole de médecine à cause de la trop faible distance qui le séparait des lignes chinoises et des risques qu'il courait d'être bombardé. L'immunité qui couvrit l'école pendant toute cette guerre, les dangers qui menaçaient au contraire l'hôpital français, situé au centre même de la zone canonnée, ne parvinrent pas à dissiper cette curieuse appréhension. Il en résulta, dès les premiers combats, un encombrement énorme. Les salles ordinaires et la chapelle furent vite remplies; quelques jours à peine après le commencement des hostilités, et plus encore au retour de la malheureuse colonne de Pékin, on dut emprunter des maisons voisines pour y loger le trop plein d'éclopés.

Les chefs qui dirigeaient alors toute cette guerre n'eurent pas plus de prévoyance pour les blessés qu'ils n'en avaient eu pour les troupes. De même qu'ils débarquaient leurs soldats sans vivres et presque sans munitions, de même ils les envoyaient au combat sans prévoir qu'il y aurait des blessés ; la plupart des détachements n'avaient, pour ainsi dire, ni civières, ni médicaments, ni médecins. Ce fut donc avec les faibles ressources d'un hôpital civil, créé pour le temps de paix, sans possibilité de s'approvisionner des choses les plus nécessaires, que les quelques médecins résidant depuis longtemps à Tien-Tsin se dévouèrent aux souffrances imméritées des soldats. Des missionnaires et des religieuses les aidaient dans la tâche écrasante de soigner à quatre ou cinq plusieurs centaines de blessés dans un hôpital encombré, démuni, et que le bombardement n'épargnait pas.

Les missionnaires étaient presque tous étrangers aux Concessions. Voués à la propagation de leur foi catholique, ils habitaient en temps ordinaire des villages perdus dans l'immensité de la plaine du Tchi-li ou perchés sur les montagnes des confins de la Mongolie.

Aux premiers bruits de trouble, dès que les bandes de fanatiques s'étaient réunies pour piller ou brûler les communautés chrétiennes, ils avaient fui et s'étaient réfugiés sous la protection des canons européens. Quelques-uns seulement restèrent au milieu de leurs ouailles et, considérant le danger qu'ils avaient eux-mêmes attiré sur ces malheureux paysans, essayèrent du moins de les sauvegarder les armes à la main.

C'est ainsi que, pour instruire des peuples ignorants dans une chimère décevante, ces délégués de la divinité se fourvoyèrent dans une impasse et commirent de leurs mains le pire des crimes, l'assassinat, après avoir prêché toute leur vie qu'on ne doit pas résister au méchant.

Les religieuses avaient appartenu de tout temps à l'hôpital. Quelques-unes y habitaient depuis de longues années ; elles gardaient le souvenir du massacre odieux de leurs devancières qui dormaient leur dernier sommeil dans la ville chinoise, et dont les tombes avaient été violées le premier jour de la guerre par une foule en démence. Accoutumées à vivre seules dans cet hôpital qu'elles administraient, elles gardaient, dans leur dévouement de chaque minute, une allure d'hôtesses qui reçoivent par pure complaisance et s'étonnent de l'arrivée d'un intrus. Les médecins étaient trop nécessaires pour qu'on ne leur fît bon accueil et, de leur côté, les missionnaires gardaient sur ces femmes un ascendant trop grand pour n'être pas reçus avec tout le respect qu'exigeait leur haute destinée ; mais les infirmières laïques de la Croix-Rouge, que les premiers renforts russes amenèrent avec eux, troublèrent un instant cet heureux accord. Inaccessibles aux potins de chapelle comme à la froideur qu'on leur témoignait, inattentives à tout ce qui n'était pas leur métier, soucieuses seulement de faire vite et bien, ces infirmières accomplirent leur tâche douloureuse avec la ponctualité d'un fonctionnaire bien rétribué, de sorte qu'on s'y accoutuma par la suite.

Mais le rigorisme étroit de toutes ces femmes, d'un dévouement pourtant admirable, ne voulut pas fléchir devant la constance, le zèle et la modestie d'une infirmière volontaire dont on dut accepter les services et qui n'appartenait à aucune association charitable. Malgré la vaillance dont elle fit preuve dans la salle d'opérations qu'elle semblait affectionner, malgré la discrétion qu'elle sut montrer dans l'accomplissement de sa tâche, malgré la régularité de sa conduite pendant tout le temps qu'elle vécut à l'hôpital, ni les religieuses, ni les infirmières ne daignèrent frayer, de près ou de loin, avec cette prostituée.

Car c'était une prostituée !..... C'était une de ces nombreuses créatures vouées à la débauche et au crime par la lubricité des hommes qui se croient maîtres de la femme et se sont imaginés qu'il était nécessaire, pour la sauvegarde hypothétique de leur santé, de perdre à jamais le corps et l'âme de leurs sœurs.

Elle avait autrefois connu les charmes et la respectabilité de la famille. Epouse et mère, elle était, on ne sait comment, tombée dans la corruption et l'un de ses amants l'avait emmenée dans ces pays lointains. Abandonnée après avoir cessé de plaire, comme le sont toutes ses pareilles, chair à plaisir qu'on traite avec plus d'indifférence et de mépris que des esclaves ou des bêtes, elle s'était livrée régulièrement au vil commerce et s'était endurcie par l'habitude et l'oubli. Ballottée de port en port suivant les caprices de la mode ou les nécessités du moment, tantôt riche et tantôt misérable, elle s'était en dernier lieu fixée à Tien-Tsin, au déclin de sa jeunesse et de sa beauté. En compagnie d'une dizaine d'autres femmes de race blanche, elle y continuait le même métier, attendant dans l'orgie, la débauche et la sourde rancœur, la maladie, la décrépitude et la mort.

Elle habitait avec ses compagnes une grande maison bien connue des jeunes gens européens, furtivement fréquentée par des hommes mariés et par de très riches Chinois en quête de sensations exotiques. Cette maison, située sur le quai près du pont de bateaux, faisait face aux batteries chinoises et fut, dès le premier jour, bouleversée par le bombardement. Les femmes craintives n'attendirent pas et déménagèrent avec précipitation. Elles étaient toutes Anglo-Saxonnes et, s'éloignant le plus qu'elles pouvaient des endroits dangereux, se réfugièrent dans la Concession anglaise. Seule, cette Josette était Française ; elle refusa de suivre ses camarades en terre étrangère et déclara ne pas vouloir quitter la petite Concession nationale. Elle s'en expliqua le jour même avec simplicité à l'un de ses clients qui la prit dans sa maison par faiblesse amicale et sans trop comprendre le prix du sentiment qui se levait sous la boue dont l'âme de la pécheresse était remplie. Elle pensait vivre là sans trop d'angoisse jusqu'au moment prochain où finiraient les jours de lutte ; mais le lendemain même, tandis qu'elle avait été chercher quelques nippes dans sa demeure, son amant fut tué par un éclat d'obus. Elle apprit la nouvelle à son retour et trouva du même coup porte close.

A la nuit tombante, Josette est seule dans une rue qui lui donne un précaire abri contre les obus. Elle s'est assise sur une borne avec un petit sac de maroquin rouge à la main. Elle pleure doucement. Tous l'ont abandonnée. Sa maison est écrasée sous les boulets, et les ruines qui restent sont en flammes. La demeure hospitalière où ce brave garçon l'avait accueillie s'est fermée devant elle. L'hôte généreux et bon, vers qui son cœur misérable allait avec reconnaissance, agonise à l'hôpital, les reins brisés.

Demain, il sera mort ; elle sera tout à fait seule. Que n'est-il resté vivant ; que n'a-t-elle été broyée à sa place par cet obus aveugle et stupide ! Plus de soucis alors et plus de crainte ! Plus besoin de chercher comme à présent où coucher, où manger ! Personne ne la pleurerait, car on ne la connaît plus, tout le monde l'a oubliée ; elle n'est plus qu'une chose vieillie, flétrie, inutile ! Quelques pas à faire seulement, un peu de peur, un grand choc avec un grand bruit et tout sera terminé. Quoi qu'il vienne ensuite, rien ne sera pire que cette vie maudite, avec ces hommes lâches et vils, ces débauches, cette cruauté, cet abandon plus cruel que tout.

Josette se lève brusquement pour aller vers la mort et la mort passe au même instant auprès d'elle, d'un vol rapide qui se termine par un brusque éclair dans le mur d'une maison voisine. C'est une chose si effrayante que ce bruit et cette flamme subite dans l'obscurité que la peur affreuse terrasse la pauvre femme qui s'asseoit de nouveau et sanglote convulsivement.

— « Madame ?..... Madame ?..... Que faites-vous là ?..... »

Josette lève la tête et voit devant elle un officier qui la regarde avec bienveillance. Elle le reconnaît dans la pénombre pour un de ceux que son dernier amant hébergeait le matin même et l'espérance renaît. En paroles rapides, à demi-suffoquée par les larmes et la colère, elle dit son abandon, sa misère, sa détresse. L'autre écoute silencieux.

Ce n'est pas un méchant homme; il a cette bonté facile, faite d'émotion superficielle, qui sait correctement s'exprimer en phrases banales et recule toujours devant l'action. Certes, il compatit aux malheurs de cette pauvresse et son cœur lui suggère l'idée d'un secours immédiat et facile; mais il sait aussi qu'il n'est pas reçu de s'intéresser à ces femmes, bonnes seulement pour le plaisir et qui n'aiment que le vice. Il s'émeut de cette détresse; mais il est officier, fonctionnaire, il sait qu'il n'y a de bien que ce que font les autres, et les autres ne s'arrêtent pas à consoler les prostituées. Embarrassé, partagé entre la crainte du ridicule et le sentiment de sa mauvaise action, il répond à peine au discours enfiévré de la pauvre femme.

— « Dans les autres Concessions?..... Et pourquoi voulez-vous que j'y aille?..... Pourquoi faire? J'y serai en sécurité? Peut-être; mais je n'y serai pas plus secourue. Et puis, je suis Française et je veux rester là. J'ai bien le droit, j'imagine, de rester dans mon pays..... Ici, c'est mon pays!..... Seulement tout le monde me repousse et le pain qu'on donne à l'ancienne maîtresse d'un général chinois, on me le refuse à moi!..... Où en prendre puisque les troupes ont vidé tous les magasins?.....

— « Oh! pour du pain, madame, ne soyez pas en

souci. Nous sommes fort à court de vivres, mais nos matelots partageront facilement leur maigre ration. Cela, ce n'est pas difficile. Mais, pour le gîte.....

— « Oui, merci ! du pain, mais pas à coucher, n'est-ce pas ? Vous auriez trop peur qu'on vous gronde ! Une grue chez vos matelots, ce serait du joli ! Elle pourrait vous les corrompre et l'on ne serait pas content au Consulat.

— « Mais non !..... mais non !.....Je n'ai pas voulu dire cela....., comment croire ?..... Mais vous parlez du Consulat. Allez-y. Peut-être y serez-vous mieux abritée que dans notre cantonnement.

— « J'y suis allée !..... On m'a repoussée..... J'ai demandé du pain et un toit, on m'a chassée comme une pestiférée. J'offusquais peut-être les femmes honnêtes qui s'y pavanent ! J'ai dit que j'étais Française et l'on s'est mis à rire. J'ai dit que ma maison brûlait, on m'a répondu : cela m'est bien égal, le tour du Consulat viendra bientôt, et l'on m'a mise à la porte. C'est pour cela que je traîne dans les rues et que j'ai faim..... et que j'ai peur !..... Vous m'offrez à manger ? Merci, vous êtes trop bon, vous donnez cela comme une aumône et je n'accepte pas : vous le regretteriez bientôt..... Et puis, je ne veux pas d'aumône..... est-ce que je ne puis pas payer les services qu'on me rend ?..... Cela vous fait rire ?..... Parbleu, vous ne pensez qu'aux saletés comme tous les autres..... Tous les Français m'ont abandonnée, ils ne veulent pas de moi !..... Eh bien, j'irai trouver les Russes. Ils seront meilleurs que vous tous et je soignerai leurs blessés en retour du pain et du lit qu'ils me donneront..... Adieu, monsieur. »

III

Josette commence son apprentissage d'infirmière. Les religieuses la voient d'un mauvais œil circuler autour des lits ; mais les médecins lui font bon accueil car ils manquent d'aides. Malgré l'horrible serrement de cœur qui l'oppresse à la vue des chairs écrasées dans lesquelles circule allégrement le bistouri des docteurs, Josette se tient de préférence dans la salle d'opérations où le travail, hélas ! ne manque jamais.

Trois tables de bois ont été installées dans un petit bâtiment sans étages, situé dans le jardin, tout près de l'entrée de l'hôpital.

C'est là qu'on amène tous les blessés qu'il faut opérer au plus vite à cause de la chaleur torride qui pourrit toutes les plaies. Les quelques médecins militaires venus avec leurs troupes travaillent avec les docteurs de la Concession dans cette petite salle mal éclairée qui laisse échapper, par ses fenêtres ouvertes, la fade odeur du sang et des chairs mortes. De temps en temps, un domestique chinois sort de la salle avec un seau rempli de débris humains couverts de crasse et de sang noir ; débris informes, bras tuméfiés ou exangues, fragments de jambes broyées qui retiennent encore les bottes boueuses. On enterre cela dans un charnier, au fond du jardin, et la chaux vive n'agit jamais assez vite pour dissiper l'épouvantable odeur de toute cette pourriture. Tous les quarts d'heure, des hommes en soutane entrent avec une civière qui supporte un nouveau patient dont la figure se contracte pour étouffer les cris de terreur, et, quelques instants après, la même civière emporte un opéré semblable, avec sa face blême, aux cadavres dont il croise le cortège funéraire. Derrière la civière, on voit apparaître un chirurgien qui tâche de respirer un peu d'air pur sur le pas de la porte. Sa grande blouse blanche est toute tachée de sang comme ses bras et ses mains ; quelques gouttes en giclant lui ont piqueté la figure de mouches noirâtres, et la cigarette qu'il allume hâtivement se teinte de rouge au contact des doigts.

Ce matin-là, il y avait par hasard peu de travail. Le bombardement qui semblait diminuer depuis vingt-quatre heures, avait causé peu de pertes et les avant-postes venaient de passer la journée précédente dans une quasi-tranquillité. On opérait donc avec plus de calme et moins de hâte les trois blessés qui gisaient sur les tables.

Comme la matinée semblait devoir se passer sans

alarmes, un officier avait profité d'un instant de loisir pour visiter les blessés de son détachement. L'un d'entre eux avait été frappé la veille au soir et l'officier le contemplait pendant que les chirurgiens examinaient la plaie. C'était un tout jeune matelot d'une vigueur extraordinaire. Immobile sur la table de torture, tout rouge de l'effort qu'il faisait pour ne pas crier, il fronçait les sourcils et se mordait les lèvres en regardant les aides qui le déshabillaient et mettaient à nu ses cuisses musclées. La veille, pendant le temps qu'il s'était retiré, pour un besoin, dans un coin du cantonnement, l'explosion d'un obus l'avait renversé. Il s'était affaissé sur lui-même, la cuisse labourée par un éclat. On l'avait relevé tel quel et conduit à l'hôpital où l'on avait trop à faire pour songer à le nettoyer, de sorte que ce corps vigoureux et sain exhalait, dans la fade atmosphère de la salle, une infecte odeur qui laissait indifférents les chirurgiens, mais semblait causer au blessé lui-même, en plus de sa souffrance, une gêne, une confusion atroces.

De temps en temps, il levait les yeux sur son officier debout près de lui et sa physionomie sévère prenait tout à coup un air touchant de timidité et d'excuses. Mais cela ne durait qu'un instant car, à chaque mouvement des sondes que les médecins enfonçaient dans la plaie, le malheureux fermait les yeux et sa pauvre figure se plissait d'angoisse silencieuse, tandis que la cuisse, toute renflée de muscles vigoureux, tressautait sous la douleur.

C'était une chose lamentable de voir inutilement souffrir ce beau garçon qu'une blessure bête avait atteint dans une posture ridicule et que les chirurgiens torturaient sans pouvoir retrouver la trace de l'éclat. Autant par émotion que par dégoût, l'officier détourna la tête, mais il n'osa pas sortir et, de sa place, se contenta de regarder le reste de la salle.

Sur la table voisine, des médecins en uniforme achevaient de soigner un petit soldat dont le corps maigre était entièrement nu. On venait de lui couper une jambe et le moignon disparaissait sous un gros bandage jauni par l'iodoforme. Encore sous l'influence du chloroforme, le blessé restait immobile. Avec son ventre creusé, ses côtes saillantes, sa face livide, il semblait un cadavre sur lequel des étudiants poursuivent quelque expérience.

Un aide tenait endormi sur la troisième table un officier russe encore couvert de son uniforme taché de boue. Le chirurgien farfouillait avec de menus instruments d'acier dans une chose visqueuse et blanchâtre qui était l'œil et derrière laquelle une balle s'était logée. Auprès de lui s'empressaient des infirmières avec des bandages, des cuvettes et des serviettes, tandis que le corps du patient tressaillait tout entier sous la brûlure des bistouris.

Dans toute la salle flottait une écœurante odeur

de sueur, de crasse, de sang et de médicaments ;
l'atmosphère surchauffée s'embuait de vapeurs
méphitiques. Sur les tables rougies s'étalaient trois
faces cadavéreuses sur lesquelles trois chirurgiens
à l'aspect de bouchers se penchaient fiévreusement.
Sur les mains et les blouses des chirurgiens, sur les
tabliers blancs des infirmières, sur les tables, sur le
plancher, sur les murs, partout, du sang rouge ou
noir, en gouttelettes, en traînées, en flaques, des
lambeaux de chair à demi décomposés, des débris
humains, de la crasse, des excréments, de la boue.
L'officier, regardant tout cela, croyait voir une salle
ténébreuse de l'Inquisition avec ses patients à demi-
morts et ses bourreaux de rouge vêtus. Une irrésistible nausée lui montait aux lèvres. Il allait profiter
du départ de son marin pour sortir, quand il se
heurta devant la porte à un cortége effrayant.

Quatre soldats en uniforme de toile bleue, couverts de sang et de boue, apportaient sur une civière
une chose innommable.....

— « Vite ! Il est grand temps ! Il respire encore ! »

Les porteurs et les infirmiers couchèrent cette
chose sur la table devenue libre. C'était un soldat
qu'un même obus avait déchiqueté terriblement. La
cuisse droite fracassée ne tenait plus à la hanche
que par un lambeau de chair ; le pied gauche était
arraché ; le bras gauche avait disparu, coupé au-dessus du coude ; la main droite pendait écrasée et, sur

ce tas informe de chair et de toile bleue, du sang et de la boue.

C'était si laid, si lamentable, que l'officier n'y put tenir et s'enfuit précipitamment dans la rue, poursuivi par l'affreuse odeur.

Il allait rapidement, dans la hâte de revoir des hommes bien portants et sans blessures, pour se débarrasser de l'horrible cauchemar ; mais pas un instant l'idée ne lui vint de réfléchir sur ce qu'il venait de voir. Pas un instant l'idée ne lui vint de se demander à quoi bon toutes ces choses, ces blessures et ces souffrances, ces obus qui réduisent en bouillie des corps vigoureux et ces balles sournoises qui trouent des têtes et des poitrines. Pas un instant l'idée ne lui vint de se demander à quoi servait cette guerre ridicule où de pauvres gens innocents payaient, par les tortures et la mort, la rapacité, les fautes et les crimes d'inconnus. Il n'eut pas l'idée de se demander si lui ou les autres faisaient bien ce qu'ils devaient faire en participant de toutes leurs forces à cette œuvre sacrilège qu'on appelle la guerre, qui consiste à voler, à brûler, à tuer des gens qui ne vous ont fait aucun mal ou à se faire bêtement tuer par eux. Il ne réfléchit pas que cette œuvre est aussi stupide que sacrilège puisqu'elle ne sert à rien, pas même à ceux qui la dirigent de loin en se garant des coups. Encore moins songea-t-il que si tous ces hommes étaient coupables de se tuer à coups de fusil et à coups de canon, il comptait, lui, parmi les plus coupables parce qu'il était un de ces chefs qui instruisent volontairement les jeunes hommes ignorants, les conduisent ensuite à la boucherie et les dirigent dans l'œuvre de meurtre.

Il ne réfléchit à rien de tout cela. Il souffrait seulement d'une émotion physique que le grand air et la marche dissipèrent vite.

IV

Quand un blessé mourait, on portait son cadavre dans un petit hangar situé derrière la chapelle et le détachement auquel il appartenait, après avoir reconnu le corps, se chargeait de l'inhumation. Les hommes tués étaient également mis dans le hangar en attendant qu'on pût les enterrer. Pendant la première semaine du siège, la violence et la soudaineté des attaques chinoises n'avaient pas permis aux Européens de s'organiser ; les nombreux soldats de toute nationalité qui furent tués au cours des premiers combats furent donc jetés pêle-mêle dans une fosse commune que l'on s'était hâté de creuser. A mesure que les renforts arrivèrent de la mer, et que les Chinois, rendus moins téméraires, se contentèrent de bombarder les Concessions, on put, par égard pour les survivants, apporter plus de décence aux funérailles.

Un officier était arrivé depuis peu de temps dans les Concessions, à la suite d'un renfort étranger, et son ancienneté lui fit prendre aussitôt le commandement de son détachement national.

On venait de délivrer dans Si-Kou la colonne de Pékin et de la ramener dans les lignes européennes. Le nouveau venu n'avait pas pris part à cette expédition, qui d'ailleurs s'était accomplie sans coup férir. Comme il fallait faire naître une bonne occasion de se distinguer, cet officier résolut d'organiser et de diriger une reconnaissance dans la direction des faubourgs de la ville chinoise. L'endroit choisi pour opérer cette reconnaissance était situé à la jonction du faubourg français et du territoire indigène. La rivière y faisait un coude brusque à l'amorce duquel les soldats impériaux avaient placé deux canons qui découvraient toute la rivière et rendaient dangereux, parfois même impossible, le passage du pont de bateaux.

Ce coude était bien connu de toute la garnison avec ses maisons en ruine et son parapet de pierre qui lui donnait de loin l'aspect d'un pont. C'est par là que de tout temps les Boxers et les partisans ennemis s'étaient glissés dans la Concession ; mais on n'y entretenait aucun poste à cause de la proximité de la batterie chinoise et de la difficulté de communiquer avec l'intérieur de la Concession à travers tout le faubourg en ruines, infesté de voleurs et d'assassins. Quelques petites fractions avaient essayé dans les premiers jours d'aller jusqu'à ce coude ; mais elles avaient dû y renoncer et battre en retraite sous le feu de la batterie chinoise, à peine distante de cent cinquante mètres. L'avant-veille même du jour fixé pour la reconnaissance, une compagnie d'infanterie russe s'était engagée dans les ruelles du faubourg français avec l'intention de traverser la rivière par ce qu'elle croyait être un pont. A peine avait-elle paru au coude que plusieurs volées de mitraille, envoyées presque à bout portant, l'avaient décimée sans qu'elle pût riposter ni prendre le temps de reconnaître son erreur. Au bout de quelques minutes, elle avait battu en retraite avec de nombreux tués et blessés. Ce coude de la rivière était donc un endroit très dangereux où l'on se trouvait à la fois trop découvert pour échapper à la canonnade et trop embarrassé dans les ruines des masures chinoises pour voir quoi que ce fût.

Mais on ne fait pas la guerre pour l'utilité générale ou pour la défense intelligente d'intérêts communs et de vies précieuses ; on fait la guerre pour y accomplir des actions d'éclat qui valent à leur auteur de brillantes récompenses. Il est vrai que cela coûte quelquefois des vies de soldats qui n'ont rien à voir ni à gagner dans l'aventure ; mais qu'importe ?..... C'est le lot des malchanceux.....

Malgré tous les renseignements qu'on lui donna sur le danger et l'inutilité de la reconnaissance projetée, l'officier persista dans son idée. Il prit avec lui une quarantaine d'hommes commandés par un officier et, partant de l'Ecole de médecine du haut de laquelle on découvrait sans danger toutes les positions ennemies, il s'achemina vers la rivière. Ce qu'il aurait dû prévoir arriva de point en point. Dès que les uniformes blancs parurent derrière le parapet, la batterie chinoise ouvrit le feu et couvrit de mitraille tout le quai. La petite troupe essaya de riposter à coups de fusil, puis elle dut chercher refuge derrière les pans de murs des maisons brûlées pendant que les deux officiers cherchaient à voir. On ne voyait rien, bien entendu, et c'est à peine si l'on distinguait les canons chinois habilement défilés derrière des maisons et protégés par des barricades faites avec des balles de coton. Il fallut donc battre en retraite comme l'avaient déjà fait les autres, et ce mouvement, exécuté sous la mitraille, renversa blessés trois hommes, dont l'auteur irréfléchi de cette imprudente aventure. L'un des soldats blessés mourut le lendemain matin.

Recevoir pour prix de cette belle action des galons et des croix valait bien une blessure, d'ailleurs peu grave, et cet officier pouvait penser que son bras en écharpe ne paierait pas trop cher la récompense qu'il escomptait ; mais personne, pas plus lui que

ses camarades, ne se demanda si des rubans multi-
colores compenseraient la mort inutile d'un homme
et la santé compromise à jamais d'un autre. Et cette
action stupide, dont les conséquences étaient épouvantables, ne reçut que des louanges et ne troubla
pas la conscience endormie de ces maîtres de chair
à canon.

Donc, le lendemain, vers midi, les médecins firent
prévenir le chef du détachement auquel appartenait
le soldat, et cet officier se rendit à l'hôpital, accompagné d'un de ses camarades qui avait, lui aussi, un
tué à reconnaître. Ils poussèrent la porte massive,
entrèrent dans le jardin et, contournant la chapelle,
se rendirent au hangar des morts. Ce jour-là, ils
étaient neuf cadavres alignés sur des nattes. On les
avait recouverts d'un drap à cause des mouches
voraces qui pullulaient tout autour du charnier.

Les deux officiers, se penchant sur les formes
rigides, soulevaient le drap et découvraient chaque
figure. Les premiers cadavres étaient tous des inconnus et le drap retombait vite sur leur tête pâle;
mais, vers le milieu de la rangée, les officiers trouvèrent ceux qu'ils cherchaient et rejetèrent le drap
en arrière pour contempler leurs morts, étendus
côte à côte, encore vêtus de leur uniforme blanc.
Le premier, celui qu'on avait tué la veille pendant
la reconnaissance, semblait dormir dans le calme et
la paix. Sa blessure, recouverte par la blouse

blanche, ne paraissait pas ; seulement, de chaque
côté de sa face pâlie, sur les pommettes saillantes,
deux grosses taches d'un violet sombre s'élargis-
saient et deux gouttes de pus jaune sortaient du nez.
Le second avait été tué la veille au soir. Un obus
l'avait presque décapité. Tout le crâne et la partie
gauche de la figure étaient arrachés. Ce qui restait
de la tête avait baigné la natte d'une bouillie san-
guinolente et l'on ne distinguait plus que la bouche
aux lèvres noircies et gonflées et l'œil droit grand
ouvert, devenu vert et blanc, dans lequel un gros
ver jaune se prélassait avec indolence.

Et ces deux cadavres, envahis par la corruption,
étaient hier deux jeunes soldats heureux de vivre ;
et voilà ce qu'on en avait fait !......

Les deux officiers regardaient sans mot dire, surmontant avec peine leur répugnance et se cachant
l'un à l'autre le dégoût qui les envahissait.

A la fin, l'un d'eux, rejetant le drap sur les deux
morts, entraîna dehors son camarade et dit :
« Quelle pourriture !...... Allons-nous-en, cela sent
trop mauvais ! »

Ce fut toute l'oraison funèbre.

Avec des planches arrachées à des portes, on
fabriqua des cercueils et les deux soldats furent
enterrés dans l'après-midi avec le cérémonial habituel. Quand on avait le temps, on fabriquait une
bière informe et l'on enterrait le mort dans un vaste

enclos situé au cœur même de la Concession. Généralement, l'heure pressait ; on cousait alors le
cadavre dans un vieux drap. Un prêtre récitait
quelques prières à la porte du charnier et des soldats portaient le corps qu'un petit piquet en armes
escortait. On se hâtait d'enfouir le cadavre et de
combler la fosse à cause de la mauvaise odeur et du
danger qu'il y avait à rester dans le cimetière constamment balayé par les balles et les obus.

On procédait avec un peu plus de cérémonie pour
les officiers. Le piquet d'escorte était plus important, le clergé venait jusqu'à l'enclos, la musique
jouait des psaumes ou des cantiques ; mais, malgré
les airs recueillis que prenaient tous les assistants,
on se hâtait de la même façon pour se débarrasser
au plus vite d'une corvée répugnante et dangereuse.

CHAPITRE V

Le Massacre

I

Les premiers renforts venus à la rescousse des Concessions avaient déblayé la route de la mer que les Chinois n'avaient jamais sérieusement barrée. Pour faciliter le voyage vers Tien-Tsin aux nouvelles troupes qui arrivaient des colonies européennes, les soldats demeurés à Takou s'étaient employés à réfectionner de leur mieux la ligne de chemin de fer, en même temps qu'ils essayaient, avec des embarcations, de rétablir la communication par la rivière.

Une quinzaine de jours après l'ouverture des hostilités, il y avait à Takou suffisamment de troupes pour former une colonne capable de gagner Tien-Tsin. Une partie des soldats fut embarquée dans des chalands qui remontèrent assez facilement la rivière et purent entrer dans les Concessions sans être inquiétés.

Le reste des fantassins partit avec l'artillerie par le train dans la matinée. La voie n'était réparée qu'à moitié; les travaux n'avaient pu continuer aux approches de Tien-Tsin à cause de la présence de l'armée chinoise, de sorte qu'aux deux tiers du chemin, la troupe dut mettre pied à terre.

Il était midi; les soldats descendus du train se formèrent en colonne et se mirent en marche, par une chaleur torride, à travers la plaine marécageuse. Les mulets qui portaient les pièces d'artillerie s'abattaient à chaque instant dans les fondrières masquées par l'eau stagnante. Il fallait les décharger, les relever à grands coups de fouet et les recharger pour les voir s'abattre de nouveau dix mètres plus loin. Les auxiliaires indigènes qui servaient l'artillerie, petits de taille et chétifs, ne suffisaient pas à la tâche; les canonniers européens, déprimés par de longs mois de séjour dans les colonies, ne parvenaient pas à les aider efficacement. On dut faire appel aux fantassins; mais eux aussi voyaient leurs forces diminuées par les maladies coloniales, la pénible traversée qu'ils venaient de faire sur des vapeurs mal aménagés et par l'épouvantable chaleur de juillet. Trois hommes moururent, subitement frappés par l'ardeur du soleil; on dut s'arrêter pour les enterrer rapidement dans la crainte des Boxers, profanateurs de cadavres. On mit ainsi toute l'après-midi à faire une douzaine de kilomètres. La nuit venue, la colonne qui marchait sans guides et sans cartes, dirigée seulement par le bruit du canon, perdit son chemin et fut arrêtée par la rivière très en aval des Concessions. Le hasard voulut que des embarcations fussent là qui recueillirent les soldats à bout de forces et les amenèrent dans les lignes européennes.

Il n'eût pas été difficile d'éviter aux soldats une marche aussi pénible; il eût suffi de les faire partir de Takou de meilleure heure. Mais personne n'était prévoyant et la colonne égrena sur la route un grand nombre de traînards.

On les vit arriver, en troupeau, vers dix heures du soir. Ils étaient une cinquantaine et n'avaient pas de chef. Le détachement auquel ils appartenaient ne s'était pas préoccupé d'eux et cantonnait à l'extrémité des Concessions, tandis que, fourbus de fatigue, mourant de faim, maugréant contre la marche absurbe, contre leurs chefs imprévoyants, égarés dans le dédale des rues en ruines, abasourdis par le bombardement qui faisait rage, ces traînards cheminaient péniblement à la recherche d'un gîte. Ils s'invectivaient les uns les autres dans leur impuissance à se prêter secours, et leurs cris prévinrent les sentinelles, qui les recueillirent. Un des détachements de l'ancienne garnison prit ces soldats dans son cantonnement, leur donna quelques vivres et détacha plusieurs patrouilles à la recherche des manquants. Ces patrouilles ramenèrent une quinzaine d'hommes qu'on avait trouvés dans les ruines du faubourg brûlé, incapables de marcher et tellement abrutis de fatigue qu'ils s'étaient endormis dans les ruisseaux, sans souci des rôdeurs ou du bombardement. Quelques-uns même avaient perdu leur fusil.

Le lendemain matin, trois traînards de cette colonne arrivèrent encore au moment où l'on désespérait de leur sort. C'étaient trois artilleurs indigènes. Ils n'avaient pu suivre et s'étaient arrêtés, dès les premiers kilomètres, à cause du poids énorme de leur fourniment et de leurs pieds nus, mis en sang par les ronces qui perçaient le marécage. Habitués aux pays jaunes, ils ne s'étaient pas effrayés outre mesure d'être séparés de leurs compagnons et s'étaient empressés de faire la guerre pour leur propre compte. Ils avaient couru à la maraude dans les villages de la banlieue et montraient triomphalement le signe de leur première victoire : cinq chevelures de Chinois artistement scalpées.....

On ne sut que les féliciter.

Cette malheureuse colonne, si éprouvée par une marche maladroite, partie de la mer sans aucun bagage, et qui considérait les Concessions moins comme une place à défendre que comme un refuge contre la fatigue et la mauvaise fortune, n'apporta qu'un faible réconfort aux assiégés. A peine fut-elle installée qu'elle dut confier aux hôpitaux, déjà fort encombrés, un grand nombre de malades.

Le feu de l'infanterie chinoise et le bombardement l'éprouvèrent cruellement, à cause de l'inexpérience des chefs et des soldats trop accoutumés à châtier des sauvages rebelles pour savoir manœuvrer sous le feu précis des Impériaux.

Mais, de jour en jour, d'autres troupes de diverses nations débarquaient à Takou et, mieux dirigées, accroissaient notablement le nombre et la force de la petite armée européenne. Trois semaines environ après le commencement de la guerre, les Concessions avaient reçu des troupes en quantité suffisante pour que l'on pût songer à lutter avec avantage contre les assiégeants.

Des voix commencèrent à s'élever qui réclamaient l'offensive. Le nombre des soldats réunis, leur valeur et leur instruction de beaucoup supérieure à l'instruction des Impériaux, l'expérience chèrement acquise par les premières semaines de lutte, tout rendait possible l'attaque de la grande ville.

Cette attaque, cette conquête de Tien-Tsin, avec la déroute qui s'en suivrait pour l'armée impériale, était surtout urgente, car on n'avait plus depuis longtemps aucune nouvelle des Européens enfermés dans Pékin avec une poignée de défenseurs. Il fallait au plus vite s'emparer de la ville chinoise, puis marcher sur la capitale. Si même de nouveaux renforts étaient nécessaires pour tenter cette ultime conquête, il fallait à tout prix prendre immédiatement Tien-Tsin pour ne pas obliger ces renforts à s'attarder devant elle, car un seul jour de retard pouvait entraîner le massacre des assiégés de Pékin, mettre en ébullition tout l'immense empire et compromettre à jamais cette cause européenne qui coûtait trop d'hommes et rapportait trop d'argent pour qu'on pût se consoler de sa perte.

Si le manque d'initiative et la timidité de quelques chefs leur avaient fait perdre dans les premiers jours bien des occasions de tirer parti de leurs positions, si l'ignorance, la vantardise, le désir égoïste de se distinguer avaient causé bien des pertes inutiles, si la jalou. .e, l'orgueil, le besoin de se croire supérieur aux autres avaient amené tant d'échecs ou d'expéditions avortées, si la sourde mésintelligence qui régnait entre eux avait réduit les premiers assiégés à l'inaction, ce fut bien pls quand il fallut prendre enfin la résolution ferme d'en finir avec ce siège et cette grande ville insolente.

Presque chaque jour, les généraux et les officiers supérieurs qui commandaient les troupes des diverses nations s'assemblaient en conférence. Ils examinaient gravement les résolutions les plus importantes, pesaient le pour et le contre, réfutaient soigneusement toutes les objections, entraient dans les plus infimes détails et n'arrivaient jamais à conclure parce que la mise en pratique de leurs projets paraissait à chacun d'eux trop difficile. Ce qui rendait cette mise en pratique si difficile, ce n'était ni le nombre des soldats ennemis, ni la force des batteries chinoises, ni l'épaisseur des murailles de la grande ville ; c'était la méfiance réciproque des chefs européens et le désir secret que nourrissait chacun d'eux de tout faire sans l'aide de son voisin. Comme aucun détachement n'était assez fort pour mener à lui seul une tâche aussi considérable que la destruction de l'armée impériale et la prise de Tien-Tsin, des combinaisons s'échafaudaient dans l'esprit de chacun des chefs pour s'adjoindre celui des détachements voisins qui lui était le plus sympathique. Les considérations les plus diverses les guidaient dans ce choix : alliances officielles conclues entre les gouvernements, affinité secrète ou sympathie que se témoignaient les soldats, importance plus ou moins grande des grades, et, comme souvent les raisons qui poussaient un chef à se rapprocher d'un de ses voisins étaient analogues à celles qui encourageaient ce voisin à s'éloigner, et que, d'autre part, personne ne songeait à l'impossibilité d'aboutir sans une entente commune de tous les détachements, il en résultait une stagnation complète des opérations, une passivité absolue de l'armée européenne, pourtant assez forte pour vaincre et disperser l'ennemi.

Pendant que les chefs s'agitaient ainsi sans rien entreprendre, les jours passaient et la foule des soldats subissait dans l'inaction l'angoisse monotone du bombardement. Les troupes qui composaient l'ancienne garnison avaient fini par s'accoutumer à leur situation. Les renforts arrivant chaque jour allégeaient leur service et leur permettaient, par une sécurité plus grande, d'augmenter leurs ressources. Elles s'étaient tant bien que mal organisées et vivaient plus convenablement avec des vivres pillés dans les magasins abandonnés par les Chinois. C'est ainsi, par exemple, que si l'on était encore contraint de s'abreuver avec l'eau bourbeuse d'une rivière encombrée de charognes, du moins pouvait-on cesser de tuer pour les manger les porcs sauvages qui venaient chaque nuit dévorer les cadavres aux abords de l'École de médecine. L'habitude s'était prise des alertes continuelles et souvent inutiles, des corvées longues et répugnantes, des nuits sans sommeil et du bombardement féroce. L'ordre, ou plutôt un semblant d'ordre et de confortable, avait remplacé le trouble et la misère des premiers jours; mais il n'en était pas de même pour les nouveaux venus.

Presque tous les détachements arrivés depuis peu dans les Concessions avaient été rassemblés à la hâte dans les colonies européennes et mis à bord des transports, avec mission de parvenir le plus tôt possible dans le Pé-Tchi-Li. Là comme ailleurs, cette préoccupation d'arriver vite était plutôt celle de devancer et d'étonner les autres que celle d'accomplir une manœuvre véritablement utile. Du reste, beaucoup de chefs pensaient que les témoins de la guerre exagéraient les difficultés de la situation, sans doute pour mieux faire valoir leur courage; la mise à terre des renforts prenait, dans leur esprit, plus l'allure d'une démonstration diplomatique que d'une opération militaire d'un caractère urgent. L'important était d'envoyer à Tien-Tsin plus de soldats que les autres nations, il importait donc peu qu'ils fussent en état de rendre des services.

La plupart des détachements étaient partis dans l'idée qu'ils allaient accomplir une sorte de promenade militaire et recueillir sans peine et sans danger de faciles lauriers. Ils quittèrent leurs casernes avec une quantité ridiculement petite de munitions et, comme ils tiraillaient souvent à tort et à travers, ils furent bientôt dans une telle pénurie que, ne pouvant attendre leur réapprovisionnement rapide du dehors, ils durent emprunter des cartouches à l'ancienne garnison pourtant bien pauvre, mais qui, possédant plus de sang-froid, avait été fort économe.

Ils n'avaient pas non plus emporté suffisamment de bagages. La plupart avait laissé leurs havre-sacs à Takou, croyant que les communications par la rivière seraient assez sûres et rapides pour leur donner promptement ce qu'ils abandonnaient dans leur imprévoyance. Il en résulta que beaucoup de soldats durent rester pendant plus de huit jours sans couverture, avec un seul vêtement de toile, pour endurer successivement la chaleur accablante du jour, la fraîcheur des nuits, les pluies torrentielles et les longues stations dans les tranchées boueuses. Des hommes vigoureux auraient avec peine supporté de telles vicissitudes ; elles accablèrent promptement ceux de ces soldats qui venaient de colonies au climat déprimant et ce fut la cause d'un grand nombre de maladies.

Ces épreuves pénibles qu'ils n'avaient pas prévues et que des chefs moins indifférents auraient pu leur éviter, les dangers de cette guerre auxquels ils n'étaient pas préparés, la fatigue, les privations, le mécontentement, mirent les nouveaux venus dans le même état d'esprit qu'avaient eu leurs devanciers pendant la première semaine de lutte ; mais, comme ils étaient plus nombreux, les excès furent plus importants et ne se purent pas réprimer aussi bien.

Si quelques-uns des nouveaux renforts pouvaient montrer avec orgueil des cantonnements propres et bien tenus, les autres avaient vite transformé leur logis en véritables bouges d'une saleté si répugnante qu'on n'osait pas les traverser. Dans ces cantonnements infects, où les excréments voisinaient auprès des marmites avec les denrées préparées pour la soupe, on voyait, comme pendant la première semaine, des soldats débraillés, couverts de vermine et de boue, les yeux hagards et la langue pâteuse, aller et venir d'un pas chancelant en fredonnant des refrains orduriers. Les quelques maisons que leur pauvre apparence avait sans doute sauvées des perquisitions des premiers voleurs ne tardèrent pas à être visitées par les nouveaux venus. On vit encore une fois les logements se remplir des objets les plus disparates sans que personne n'osât s'enquérir de leur provenance.

Un coffre-fort, oublié dans une maison que les habitants avaient abandonnée presque détruite par les obus, fut trouvé fracturé ; la grosse somme d'argent qu'il contenait avait disparu. On ne put retrouver le voleur, mais dès la découverte du larcin, les détachements d'armes différentes d'une même nation s'accusèrent réciproquement avec une acrimonie, une âpreté qui prouvaient plus que tout combien le sens moral de tous ces malheureux était dévoyé par leur situation d'hommes voués au crime.

Ainsi, pendant que les chefs discutaient sans parvenir à s'entendre, les soldats cherchaient à occuper leurs loisirs entre deux combats ou deux factions ; ils se transformaient en ivrognes ou en voleurs effrontés.

De leur côté, les Chinois ne restaient pas inactifs.

Le bombardement continuait nuit et jour, mais il causait peu de morts à cause de l'expérience acquise par les assiégés qui savaient mieux s'abriter. Les attaques dirigées contre la gare se renouvelèrent plusieurs fois et les pertes européennes furent cruelles. Les Chinois échouaient toujours ; cependant, après chaque revers de l'ennemi, les assiégés négligeaient de poursuivre leur avantage en prenant l'offensive, de sorte que la situation restait stationnaire. Des tentatives isolées eurent lieu pour sortir de cette impasse où l'on ne pouvait pourtant pas s'éterniser, mais comme les troupes voisines, non prévenues généralement, ne les aidaient pas, elles échouaient ou ne servaient à rien.

Un détachemement s'empara d'un des arsenaux les plus importants de la banlieue, à trois kilomètres des Concessions ; malheureusement, cette position isolée ne pouvait se relier aux lignes européennes avec le petit nombre d'hommes dont était composé le détachement. Les soldats impériaux apparaissaient en force ; il fallut évacuer l'arsenal après l'avoir incendié. Le dernier soldat n'était pas sorti par une porte que les Chinois rentraient par une autre, éteignaient l'incendie, réoccupaient l'arsenal et continuaient à s'en servir comme si rien n'avait eu lieu.

Un autre détachement avait débarqué à Takou des gros canons de marine et les avait amenés dans les

Concessions au prix de grandes difficultés. Il voulut un jour se servir d'un de ces canons contre les forts bétonnés des Chinois. L'énorme pièce, traînée par des auxiliaires indigènes, s'avançait à découvert dans la plaine marécageuse qui s'étend au sud de la ville; aucun soutien ne l'accompagnait. Elle s'embourba. Les soldats impériaux l'entourèrent et la prirent après avoir mis en fuite les auxiliaires indigènes. On eut beaucoup de peine à la recouvrer.

Un troisième détachement voulut conquérir à lui seul les grandes batteries chinoises qui, bien abritées derrière un canal, formaient le principal ouvrage de l'ennemi. Des canons furent empruntés à un détachement voisin; mais l'expédition n'eut pas lieu, parce que le chef eut au dernier moment la crainte de ne pas réussir. Cet ambitieux projet se forma une seconde fois, mais il avorta de même, et pas un instant l'idée ne vint au chef de s'entendre mieux avec ses alliés.

Il n'y avait donc pas moyen d'aboutir et personne ne prévoyait la fin de cette situation désespérante quand, après une attaque particulièrement meurtrière des troupes chinoises contre la gare, les commandants de tous les détachements réussirent à s'entendre, on ne sait par quel miracle, et décidèrent de prendre l'offensive dès le lendemain.

II

Au milieu de la nuit, trois mille soldats quittaient silencieusement leur camp et marchaient vers les batteries du nord-est de la ville. Ils devaient s'en emparer, puis, continuant leur mouvement, tourner toutes les positions chinoises et pénétrer dans l'énorme faubourg qui s'étend au nord de la cité. Une autre colonne, forte également de trois mille hommes, sortait en même temps des Concessions et se dirigeait vers le grand arsenal du sud que l'on avait pris, puis abandonné, quelques jours auparavant. On était convenu de s'emparer d'abord de cet arsenal et d'en repartir ensuite pour attaquer directement la ville murée.

Les Chinois qui occupaient l'arsenal l'évacuèrent sans résister. Les Européens s'y installèrent avec toute leur artillerie et, lorsque le soleil radieux se leva sur l'énorme agglomération, la bataille commença.

Du côté du midi, la cité murée se couvrait d'un faubourg étroit dont les masures enchevêtrées masquaient la base des murailles et l'unique porte qui permit de ce côté l'entrée de la ville. Une nombreuse infanterie s'était installée dans ce faubourg avec des canons ; les murs étaient garnis de défenseurs. Les grands forts bétonnés, tirant par-dessus les maisons, pouvaient protéger toute cette partie du champ de bataille. Entre l'arsenal et le faubourg s'étendait une plaine entièrement dénudée, large de près d'un kilomètre. Depuis un mois, les Chinois tenaient cette plaine inondée, de sorte que le sol détrempé, les eaux profondes et l'absence de tout abri rendaient la marche des troupes et de l'artillerie fort dangereuse et presque impossible. Une seule digue, un peu surélevée mais assez étroite, partageait en deux le marécage et, de l'arsenal, gagnait en ligne droite le faubourg et la porte de la ville. De distance en distance, quelques petits groupes de maisons s'élevaient sur la digue et pouvaient aussi bien servir d'abris momentanés à la colonne d'assaut que de positions défensives à l'ennemi. La digue était donc le seul chemin possible qui conduisît au but et, si périlleux qu'il fût, on résolut de l'employer.

Au jour levant, toutes les batteries européennes placées aux abords de l'arsenal ouvrirent un feu violent sur le faubourg du sud. Au même instant, les troupes de l'est canonnèrent les positions chinoises qui leur faisaient face, et les pièces restées dans les Concessions joignirent leur effort au bombardement en couvrant d'obus la cité murée. Toute l'artillerie impériale se mit aussitôt en action par une riposte rapide et furieuse sur les troupes adverses et les Concessions. L'immense agglomération fut en quelques minutes comme recouverte par le vol impétueux et bruyant des milliers d'obus qui couraient d'une armée à l'autre, ravinaient la terre boueuse, se déchiraient sur les murs avec un bruit assourdissant, allumant partout l'incendie, pendant que des centaines d'autres, éclatant dans les airs, projetaient de tous côtés leurs éclats qui crevaient brutalement l'eau du marais, les toits de tuile rouge, les crânes et les poitrines. Une buée blanchâtre s'élevait au-dessus des batteries et couvrait le ciel d'un nuage léger, dans lequel s'arrondissaient brusquement les flocons blancs et sillonnés d'éclairs des schrapnels. Le sol tressautait à chaque explosion; il vibrait si longuement sous le bruit des obus qu'il semblait être lui-même la cause de cette effroyable rumeur.

Ce duel se poursuivait depuis longtemps sans qu'aucun des deux adversaires parût gagner sur l'autre l'avantage. Dans l'est, où le feu paraissait moins violent, la fusillade avait commencé dès l'aurore, et les fantassins européens gagnaient du terrain; mais, dans le sud, la digue et le marécage étaient couverts si terriblement par la pluie d'acier que l'infanterie assaillante n'osait encore se ruer à l'assaut.

A sept heures du matin, une violente secousse fit tout-à-coup trembler le sol comme sous l'effet d'une éruption volcanique. Une effrayante détonation remplit les airs et couvrit toutes les voix de la bataille. Un obus européen venait de faire exploser dans l'est de la ville la plus importante des poudrières ennemies.

Les deux artilleries adverses cessèrent le feu comme frappées de stupeur et d'émotion. Les yeux de tous les combattants se tournèrent vers une épaisse colonne de fumée blanche qui surgit au-dessus de la poudrière, fusa rapidement vers le ciel clair et, parvenue à une hauteur vertigineuse, s'épanouit largement en nuages floconneux qui obscurcirent l'éclat du soleil ardent.

Pendant cette accalmie, causée par la surprise de l'explosion, le solennel silence s'épandit sur la ville et sur la plaine qui semblèrent, comme par magie, revenues au calme de la paix. Calme étrange, angoissant et sournois, troublé seulement par le lointain ronflement de l'incendie qui, roulant des panaches de flamme et de fumée, couvrait d'une nuée sombre parsemée d'étincelles plus de la moitié de la cité murée. Et cela semblait doux et bon, après l'effroyable vacarme de tout à l'heure brutalement interrompu par ce coup de tonnerre, de se retrouver sous le joyeux soleil, dans le calme et le silence ; mais la tuerie était commencée ; les deux adversaires avaient hâte de reprendre la lutte de folie et de meurtre ; il n'y avait pas de place encore pour une idée de paix et de tranquillité. Au bout de quelques minutes, la canonnade reprit avec une fureur nouvelle.

C'est alors que les chefs de la petite armée du sud prirent la résolution de lancer en avant leurs colonnes d'assaut. Rassemblés dans l'arsenal, les fantassins attendaient le signal. Une petite troupe d'environ cinquante hommes partit la première et, tête baissée, la baïonnette menaçante, s'élança sur la digue. A peine fut-elle visible au milieu de l'immense marais qu'une grêle de balles la fouetta d'un souffle de mort ; quelques hommes tombèrent, mais l'élan des autres était si grand qu'ils atteignirent en un instant le premier petit groupe de maisons où ils s'arrêtèrent pour reprendre haleine à l'abri des murs. Les soldats impériaux, effrayés de cette course folle et plus encore de la menace des baïonnettes étincelantes, s'enfuirent vers le second village sans attendre le choc. Après cette première colonne, en partit une seconde qui, secouée de la même façon sous les rafales de plomb, atteignit le premier village au moment où la précédente commençait en courant la seconde étape. Après ces deux-là, s'élancèrent d'autres colonnes et bientôt, presque toute l'infanterie fut engagée sur la digue, entre l'arsenal et le faubourg. Dès qu'un groupe de soldats était parvenu à gagner l'un des petits villages, il couvrait de son feu le village suivant, et lorsqu'un autre groupe, arrivant à sa suite, venait doubler sa force, tous deux se lançaient en avant. De leur côté, les fantassins chinois, reculant d'abri en abri, se terraient derrière les murs, attendant que les colonnes d'assaut apparussent à découvert pour submerger les assaillants sous une nappe de plomb meurtrier.

L'artillerie impériale crachait sur le marécage et la digue étroite une pluie d'obus qui terminaient leur course ronronnante dans le brusque éclair de l'explosion. Tout autour de la chaussée, la plaine inondée se tachetait de gerbes qui rejetaient en l'air l'eau boueuse. Au-dessus des villages et de la digue, s'élevait un épais nuage soulevé par les balles et les obus et, sans rien dire, sans rien voir, sans rien penser, les soldats européens couraient dans ce nuage aveuglant, tout rempli du bourdonnement des balles, du fracas des obus et sillonné par les éclairs des coups de feu.

Vers le milieu de la matinée, toutes les troupes d'assaut étaient parvenues à s'établir dans les premières maisons du faubourg ; mais, arrivées là, elles ne purent plus progresser que très lentement, à cause de la résistance désespérée qu'opposèrent tout-à-coup les Chinois. On se battit encore pendant une heure, de maison en maison, les uns cherchant à rejeter l'assaillant dans la plaine, les autres s'efforçant de conquérir un espace assez grand pour se maintenir jusqu'à l'arrivée des renforts. A dix heures du matin, les Européens se voyaient dans l'impossibilité d'avancer ; ils se fortifièrent hâtivement dans les quelques maisons conquises, et ce fut virtuellement la fin de la bataille.

La petite armée du sud venait d'accomplir tout son effort. Il ne restait dans l'arsenal que la réserve d'infanterie strictement nécessaire pour la sécurité des troupes ; la colonne d'assaut n'était pas assez forte pour avancer ; l'artillerie manquait de munitions, son réapprovisionnement serait long, et, d'ailleurs, elle ne pouvait songer ni à faire brèche de loin dans la muraille, ni à suivre, pour se rapprocher, le terrible chemin qu'avait parcouru l'infanterie. On n'avait aucune nouvelle du combat qui se livrait dans l'est et l'on était dans l'impossibilité de reculer, sous peine d'amener une déroute épouvantable. On se résolut à attendre que la nuit vînt pour essayer de se renforcer et de gagner le pied des murs.

La colonne d'assaut, terrée dans les maisons du faubourg, attendit donc toute la journée, et ce fut une chose plus pénible encore que la course effrayante sous les balles et les obus. Les soldats étaient partis à deux heures du matin de leurs cantonnements ; ils étaient fort légèrement équipés, en vue de l'assaut, et n'avaient pas emporté de vivres. Ils avaient, presque tous, vidé leurs petits bidons dans le mouvement de fièvre qui précéda la marche en avant, de sorte qu'ils durent passer tout le jour sans manger ni boire, souffrant horriblement de la faim, après l'effort qu'ils venaient de faire, et plus encore de la soif, sous la chaleur torride de cette journée de juillet. Dès qu'un homme sortait des abris hâtivement constitués où se tenait toute la troupe, une fusillade effrénée s'abattait sur lui et le couchait à terre en quelques secondes, si bien qu'il fallut vite renoncer à l'espoir de marauder un peu d'eau ou de riz.

Il était impossible d'envoyer en arrière chercher des vivres, car la digue était constamment balayée par l'artillerie chinoise qui faisait rage, et tout homme qui s'y montrait à découvert était environné d'une grêle de balles. De leur côté, les troupes restées en réserve dans l'arsenal ne pouvaient communiquer avec le faubourg sans une très grande difficulté. Elles ne pouvaient songer à faire partir un convoi de vivres qui ne serait pas arrivé. Figées dans l'attente, les troupes d'assaut passèrent donc tout le jour immobiles sous les rafales de feu, torturées par l'angoisse de leur dangereuse position, par la faim, la soif et l'ardeur accablante du soleil.

Mais ceux qui attendirent plus lamentablement encore furent les blessés que les troupes avaient égrenés en grand nombre sur la chaussée maudite. Ces malheureux, tombés presque tous au commencement de la matinée, passèrent près de vingt heures étendus dans la poussière sans qu'on pût rien tenter pour les secourir. Aux souffrances causées par leurs blessures, s'ajoutait la soif ardente et le désespoir de se voir abandonnés. Quelques-uns tentaient de se relever, faisaient en titubant deux ou trois pas, et les balles invisibles les couchaient de nouveau sur le sol. D'autres se traînaient péniblement sur les mains pour gagner l'ombre des maisons et s'abriter au moins du soleil de feu ; d'autres encore essayaient en rampant de se rapprocher des bords de la digue pour étancher leur soif dans le marais nauséabond, tandis que le plus grand nombre, incapables de faire un mouvement, étendus les bras en croix parmi les cadavres de leurs camarades, attendaient dans l'angoisse et le désespoir que la fièvre et le soleil terminassent leurs souffrances.

Et beaucoup moururent ainsi parce qu'on ne put les secourir à temps.

III

Pendant que les troupes du sud attendaient impatiemment que la nuit vînt pour progresser, la petite armée de l'est avait brillamment enlevé les grandes batteries chinoises. Vers la fin de l'après-midi, les soldats impériaux avaient dû céder leurs ouvrages et s'étaient réfugiés dans les faubourgs. Il était trop tard pour les y poursuivre, et les Européens s'arrêtèrent, remettant au lendemain la traversée de la rivière et la conquête de la ville. A la chute du jour, les adversaires, comme lassés des quatorze heures de cette lutte furieuse, cessèrent de tirer. Les premières étoiles brillèrent entre les nuages sur le calme de la plaine.

Si les conquérants des batteries du nord attendaient le lendemain avec une tranquille confiance, il n'en était pas de même pour les chefs qui dirigeaient les troupes du midi. Toute cette longue bataille ne leur avait apporté qu'un assez maigre avantage. L'arsenal et la plaine étaient bien en leur pouvoir, mais le faubourg auquel ils étaient parvenus après tant d'efforts était loin d'être conquis. L'ennemi s'y tenait en nombre et menaçait à tout instant de rejeter l'assaillant en arrière. Demain, il faudrait lutter encore de maison en maison avant de parvenir au pied des murailles, et le plus important resterait encore à faire. Car il fallait pénétrer en ville et, pour cela, faire brèche ou forcer la porte. Or, on ignorait absolument la force et la disposition des remparts ; on ne savait de quelle façon cette porte était construite, on croyait qu'un canal courait le long des murs, mais personne ne pouvait dire s'il en était assez proche pour former fossé, ou si des maisons ne le séparaient pas du rempart. Ceux qui auraient dû connaître Tien-Tsin et dont la mission consistait précisément à renseigner les chefs militaires ignoraient tout, masquaient leur ignorance sous des flots de paroles inutiles et ne faisaient qu'augmenter le trouble et l'indécision. On ne savait trop quelle résolution prendre, quand un des détachements se chargea de faire sauter la porte avant l'aurore ; il n'y avait plus qu'à patienter toute la nuit comme on avait attendu tout le jour, et c'est ce que l'on résolut de faire.

Chacun mit alors à profit les heures sombres pour secourir les blessés, relever les morts et faire manger les troupes. L'un des détachements, dont l'organisation parfaite rendait les autres jaloux, avait eu la prévoyance de préparer pendant la journée tout ce qui lui serait nécessaire après la lutte. A la nuit tombante, un long convoi sortait des Concessions, apportant aux soldats de ce détachement de l'eau et le repas chaud du soir. La fusillade était à peine éteinte que déjà de nombreuses petites tentes s'alignaient à l'abri des murs de l'arsenal. On y apportait les blessés et, bien abrités de la pluie, les chirurgiens bandaient les blessures à la lueur des petites lanternes. Malgré le ciel noir, la boue de la terre, les gémissements étouffés, tout était là si propre, si bien ordonné, tout s'y faisait avec tant de méthode et de calme que ce campement improvisé donnait une impression de béatitude et de paix. A minuit, ce détachement avait terminé de relever et de soigner tous ses blessés : les petites tentes repliées disparurent dans la nuit sombre. Quant aux autres détachements, ils avaient agi ce jour-là comme ils agissaient d'habitude, c'est-à-dire avec la coupable imprévoyance qui causait tant de maladies et tant de morts prématurées.

Vers six heures du soir, une petite troupe d'environ cent cinquante hommes quittait les Concessions et se dirigeait vers l'arsenal. Elle allait, selon ses instructions, rejoindre les combattants, leur donner des vivres, relever et secourir les morts et les blessés. Elle n'emportait pour cette besogne qu'une vingtaine de civières mal conditionnées et dont la plupart avaient été empruntées à l'hôpital. Sur ces civières, les soldats portaient les vivres : vingt bonbonnes de vin avec un peu d'eau-de-vie. Pas de soupe, pas de pain, pas une goutte d'eau pour soutenir les forces épuisées d'hommes qui luttaient depuis quatorze heures.

Quand ce convoi pénétra dans l'arsenal, on se préoccupa d'abord de relever les morts et les blessés. La petite troupe s'engagea sur la digue et, dans le silence de la nuit, se mit à la recherche des cadavres et des agonisants. Rien ne la troubla dans cette tâche et, vers minuit, elle rentrait dans l'arsenal pour y chercher le vin destiné aux avant-postes.

On avait étendu les tués côte à côte sur la berge
du petit canal qui longe dans le sud le mur de
l'arsenal. Il pleuvait; la nuit sans étoiles était devenue sombre; aucune sentinelle ne veillait sur les
cadavres couchés dans la boue. Des soldats isolés
qui rôdaient, en quête de vivres et d'un abri contre
le froid, s'étendirent par terre auprès des morts
qu'ils prenaient pour des camarades de leur détachement, et, lorsqu'on voulut les faire lever, on ne
reçut en réponse que de vagues injures, proférées
dans une langue étrangère. A minuit seulement, les
blessés, dont quelques-uns gisaient sur le sol depuis
vingt heures, étaient réunis à l'abri. A l'abri de la
fusillade, mais non pas à l'abri du froid et de la
pluie, car on n'avait rien pour les couvrir et l'on
dut les étendre dans la boue, auprès des cadavres
de leurs camarades. A l'abri des obus, mais non pas
à l'abri des tortures, car on n'avait rien pour les
soulager. Les deux médecins qui avaient accompagné
le convoi dans ses recherches avaient sur eux quelques bandages bien insuffisants pour le grand nombre de blessés, mais ils ne possédaient pas une
goutte d'eau pour laver les blessures ou pour étancher la soif ardente qui dévorait ces martyrs. Et
pendant deux mortelles heures, grelottant de fièvre
et de froid, implorant d'une voix lamentable le
faible secours d'un manteau et d'une goutte d'eau, les
malheureux durent attendre que le vin et l'eau-de-

vie fussent distribués pour être enfin transportés dans les Concessions.

Au moment où ils y arrivèrent, à cinq heures du matin, il faisait grand jour et, de tous côtés, les troupes européennes se disposaient à reprendre la lutte, quand les avant-postes du sud s'aperçurent avec surprise qu'ils n'avaient plus d'ennemis devant eux. Pendant la nuit, les troupes impériales, démoralisées par la constance inaccoutumée de leurs adversaires, s'étaient vengées de leur insuccès sur les Boxers qu'elles avaient massacrés en grand nombre, puis elles s'étaient débandées et la ville était vide. L'un des forts du faubourg avait encore sa garnison ; au lever du jour, il tira quelques coups de canon comme pour provoquer le retour des horreurs de la veille. Mais le mouvement en avant des troupes européennes de l'est qui traversaient la rivière, découragea ces derniers combattants ; pris de panique, ils se dépouillèrent de leurs uniformes et s'enfuirent dans la crainte de se voir couper la retraite.

En même temps que les troupes de l'est occupaient le faubourg, la petite armée du sud franchissait la porte et pénétrait sans coup férir dans la cité murée, vers cinq heures du matin. Une partie des soldats monta sur le rempart pour en chasser les derniers Chinois et rendre plus assurée cette conquête inattendue. Le reste se précipita dans la ville :

elle semblait déserte. Pendant une heure, les conquérants parcoururent les ruines silencieuses sans rien trouver, car la population civile, terrifiée par la bataille de la veille et l'émeute qui avait ensanglanté les rues pendant la nuit, n'osait pas sortir. Mais bientôt le silence, le calme, l'absence des cris sauvages dont les fanatiques remplissaient la cité en temps ordinaire, rassurèrent les moins timides qui commencèrent à se montrer dans les rues.

Si les Concessions avaient terriblement souffert pendant un mois de bombardement, la ville indigène avait été encore plus éprouvée. Aux incendies qu'allumaient partout les obus européens, s'étaient joints ceux que les Boxers provoquaient pour se venger de leurs revers. Pendant vingt-huit jours, la malheureuse population s'était barricadée dans ses maisons pour fuir le massacre, et la ville avait été abandonnée aux excès d'une soldatesque en furie et de fanatiques à moitié fous. Quand ces sauvages ne se ruaient pas sur la gare, ils se battaient entre eux et faisaient le siège des demeures dans lesquelles, croyaient-ils, des vivres étaient amassés, ou qui abritaient des commerçants soupçonnés d'entretenir de bonnes relations avec les Européens. Faibles, désorientés, les fonctionnaires et les chefs de la cité n'avaient aucune influence sur cette multitude en délire. Quelques-uns laissaient faire par peur d'être à leur tour considérés comme suspects ; les autres, préfitant de cette bonne occasion pour pêcher en eau trouble, encourageaient secrètement les pires excès dans l'espérance que leurs troupes seraient victorieuses et que leur conduite leur vaudrait alors la faveur de la Cour impériale. Les malheureux citoyens, auxquels s'étaient joints quelques réfugiés du faubourg français, venaient donc de vivre pendant un mois dans une perpétuelle terreur, chassés de maison en maison par l'incendie que personne n'osait éteindre, mitraillés dans les rues par les fanatiques, assiégés par les soldats affamés, et souffrant eux-mêmes d'une épouvantable famine. Car personne n'avait prévu que la guerre durerait si longtemps ; on n'avait pas amassé de vivres ; ceux que l'on possédait avait été volés par les soldats, et beaucoup d'habitants, surtout des enfants et des jeunes gens, moururent de faim.

Si donc la prise de Tien-Tsin marquait pour les Concessions l'heure tant désirée de la délivrance, la fuite des soldats impériaux, la disparition des Boxers, l'entrée en ville des soldats étrangers devaient être bien accueillies par la population misérable et terrorisée. Les premiers Chinois qui se risquèrent dans les rues après l'entrée des Européens poussèrent en effet des cris de joie à la vue des uniformes, et beaucoup se prosternèrent dans la boue, en signe d'obéissance et de gratitude. Cette joie fut de courte durée. On accueillit ces malheu-

reux à coups de fusil ; on les tua, et, pour célébrer
leur victoire, des bandes de soldats se mirent à parcourir les rues de la ville en massacrant tout ce
qu'elles trouvaient devant elles, même les femmes
et les enfants à la mamelle qu'on perçait à coups de
baïonnette.

On tua de cette façon jusqu'à dix heures du matin. Vers midi seulement, des mesures énergiques
ayant été prises par les chefs, le massacre cessa ; la
conquête s'organisa et ceux que l'incendie, la famine,
le coutelas des fanatiques, les fusils des Impériaux,
les obus européens et les baïonnettes des massacreurs avaient épargnés, purent enfin sortir avec
sécurité à la recherche des vivres.

C'est une chose effroyable que le massacre d'une
population innocente. Rien ne peut excuser le crime
qu'une troupe commet lorsqu'après un assaut, elle
se rue sur des gens sans défense. Mais les soldats
qui viennent d'escalader sous une avalanche de
plomb la brèche en pente, qui viennent d'emporter
les remparts après une terrible lutte corps-à-corps,
qui font la conquête de la ville en assiégeant les
derniers défenseurs dans les maisons où ceux-ci
cherchent à continuer la lutte, vivent dans une
atmosphère de fièvre et de folie où les actes ne se
mesurent pas et sont accomplis avant que la pensée
ne se soit mise en mouvement. Si rien alors ne peut
excuser le meurtre des habitants paisibles, puisque

rien n'excuse même la lutte homicide entre soldats, du moins tout explique les erreurs et l'emportement des conquérants.

Mais comment expliquer ce que ces bêtes féroces ont commis?

Personne n'avait empêché leur entrée dans la ville; la lutte excitante avec les soldats chinois était terminée depuis la veille; personne ne tirait sur eux; non-seulement les habitants désarmés ne les menaçaient pas, mais encore ils les accueillaient par de bruyantes manifestations de joie ! Certes, tous les conquérants de Tien-Tsin ne ne couvrirent pas de cette honte, quelques-uns d'entr'eux seulement furent les sinistres ouvriers de cet odieux massacre, mais n'eût-on vu qu'un unique soldat transperçant un seul enfant de sa baïonnette que le crime n'en aurait pas été moins épouvantable et n'aurait pas moins marqué les fronts coupables des complices de l'assassin. Car on arrêta bien le massacre, mais personne ne voulut punir les massacreurs et pas une voix ne s'éleva parmi les détachements étrangers pour flétrir celui d'entre-eux qui venait d'accomplir ce crime hideux. On n'avait, au contraire, pour celui-là que sourires et flatteries admiratrices parce qu'il savait bien tuer et se faire tuer.

CHAPITRE VI

Le Vol

I

Le lendemain de la victoire, des fonctionnaires européens, escortés par une faible troupe, se rendirent de grand matin dans la cité chinoise. Ils avaient l'intention de la visiter pour se rendre compte des dégâts occasionnés par la guerre. L'escorte avait reçu la mission de s'emparer des chevaux et des voitures qu'elle rencontrerait sur sa route et qui seraient, par la suite, fort utiles pour la marche projetée vers Pékin.

Malgré l'heure matinale, le faubourg du Sud, que la petite troupe traversa d'abord, était rempli d'une foule affairée. Dans les ruelles encombrées d'immondices de toutes sortes, les Chinois avaient repris le train coutumier de leur vie bruyante et laborieuse. Les marchands en plein vent et les restaurateurs ambulants s'étaient déjà réinstallés, et, de leur voix perçante, attiraient les chalands. Rien dans le faubourg ne semblait rappeler la lutte affreuse qui s'y était terminée l'avant-veille. Quelques masures s'étaient écroulées, mais peut-être la vétusté avait-elle amené leur chute bien avant les obus, et tout ce quartier avait d'ordinaire un aspect si sordide, avec sa population miséreuse, qu'il gardait encore son apparence accoutumée malgré les traces nombreuses d'incendie et les toits percés par les boulets. La seule image de la guerre était montrée par un cadavre de Chinois étalé au milieu de la chaussée dans la boue et les ordures. Chacun passait près de lui sans même lui jeter un regard. La jambe gauche avait disparu. Personne ne daignait déranger un gros chien noir qui se tenait accroupi sur le cadavre et dévorait à belles dents sa cuisse rouge dont l'os pointait. La petite troupe traversa le faubourg dans toute sa longueur en longeant la muraille du sud, et la foule indifférente, plus préoccupée de reprendre vite son travail coutumier que de s'abandonner à la badauderie, la regardait à peine passer.

Parvenus à la porte occidentale, gardée par de nombreux soldats, les Européens pénétrèrent dans la cité murée. Toute la partie de la ville avoisinant cette porte était entièrement détruite par l'incendie, surtout du côté du midi. La pluie des jours précédents avait éteint les dernières flammes et répandu sur les décombres une teinte uniformément noire.

On voyait au loin des quartiers qui semblaient encore intacts ; mais, dans un rayon de plusieurs centaines de mètres autour de la porte occidentale, tout était rasé. De quelque côté que l'on se tournât, on ne voyait que des débris informes et noirs sur lesquels planait en brouillard une légère fumée grise. Quelques murs couverts de suie se dressaient çà et là sur la morne étendue et semblaient les muets témoins d'un désastre sans nom. Une insupportable odeur de charognes décomposées sortait des décombres et décelait la présence des nombreux cadavres ensevelis sous les ruines. On voyait de place en place, sous des poutres calcinées, apparaître des débris humains brûlés par la flamme, et les chiens affamés, courant de l'un à l'autre, animaient seuls cette scène lugubre.

La petite troupe se hâta de quitter ces lieux si répugnants et gagna bientôt le carrefour des deux grandes rues qui coupent en croix la cité rectangulaire et la partagent en quatre quartiers égaux. La plus grande animation régnait de ce côté. Sans s'inquiéter des cadavres d'hommes et d'enfants qui gisaient dans les ruisseaux, une foule innombrable s'agitait dans les rues. Des centaines de Chinois, chargés de lourds ballots, sortaient des maisons et, se bousculant les uns les autres, traversaient le carrefour. Un poste nombreux de soldats étrangers s'y était installé; des sentinelles arrêtaient chaque porteur pour lui faire mettre à terre et ouvrir son ballot que l'on fouillait minutieusement. Tout ce qui avait quelque prix, tout ce qui pouvait tenter la cupidité de ces étranges douaniers, lingots d'or ou d'argent, pièces de soie, bibelots rares ou curieux, était confisqué ; puis, avec des précautions ironiques, les soldats refermaient le ballot, en rechargeaient les épaules du Chinois et l'envoyaient se faire pendre ailleurs, non sans l'avoir encouragé d'un éclat de rire et d'un vigoureux coup de pied au bas des reins. L'autre, trop heureux d'acheter sa liberté au prix de la moitié de son bien ou, plus probablement, de son pillage, s'empressait de fuir ; mais, arrivé à la porte du nord, il trouvait un autre poste qui le dépouillait du reste. La seule différence était que cette douane, plus sévère que la première, mettait plus de formes à sa perquisition, parce qu'un officier la commandait.

Les fonctionnaires voulurent visiter la demeure d'un gros mandarin qui habitait tout près de là, dans le quartier sud-est. Une sentinelle se tenait à la porte de la maison ; voyant les civils accompagnés d'une troupe de soldats étrangers, elle refusa l'entrée. On parlementait sans succès depuis quelques minutes quand, tout à coup, la sentinelle se ravisa, se mit à rire d'un air moqueur et s'effaça pour livrer passage. L'immense demeure était intacte et complètement déserte ; ses habitants avaient dû fuir précipitamment en même temps que les troupes impériales ou après elles, car on retrouvait partout des traces fraîches de leur séjour. Dans la débâcle générale, le propriétaire n'avait même pas eu le temps d'emporter les objets les plus nécessaires, et, selon toute probalité, les moyens lui avaient manqué pour transporter l'énorme somme d'argent qu'il gardait d'ordinaire près de lui. Il avait été obligé de l'abandonner ; mais des gens, plus adroits et moins inquiétés, étaient venus après son départ, et tout l'argent avait disparu. Un très grand nombre de caisses de lingots, éventrées, vides, parsemaient le sol de la cour. On eut beau chercher dans tous les coins, on n'en put trouver une seule pleine, et cette circonstance expliqua aux Européens désappointés le sourire moqueur de la sentinelle.

La petite troupe rebroussa chemin et, se frayant difficilement passage à travers la multitude, se remit en marche vers le carrefour. La partie orientale de la cité, bien que la plus proche des Concessions, semblait avoir le moins souffert. Presque toutes les maisons étaient encore debout, et l'on ne voyait que peu de traces du bombardement des canons étrangers. Cependant, dans l'angle sud-est, tout un pâté de maisons brûlait furieusement. Le vent rejetait dans les rues la colonne de fumée noire qui s'élevait au-dessus des flammes. Mais personne ne songeait à combattre le fléau, car toute cette foule avait trop à faire ailleurs. Les uns, les moins nombreux, déménageaient à la hâte et profitaient de ce premier jour de liberté pour fuir enfin cette terre d'horreur. On ne voyait avec eux que très peu de femmes et d'enfants, soit que ces faibles êtres fussent déjà mis à l'abri, soit qu'ils eussent péri dans la tourmente. Les autres, c'est-à-dire presque tous les Chinois, se pressaient dans les demeures réputées riches et pillaient effrontément l'or et l'argent, sans crainte d'être inquiétés par les troupes européennes qui faisaient de même. Les seuls passages difficiles étaient le carrefour central et la porte du nord où les vainqueurs prélevaient une lourde dîme.

Ayant traversé le carrefour où fonctionnait l'ingénieux octroi, les Européens et leur escorte s'engagèrent dans les ruelles des quartiers du nord. Ils allaient au hasard, cherchant des charrettes ou des chevaux ou pénétrant à leur fantaisie dans les demeures d'apparence confortable. Dans cette partie de la ville, les rues et les maisons étaient désertes ; la petite troupe, accoutumée à l'odeur cadavérique qui flottait dans l'air surchauffé, allait lentement, en flânant, et ne s'arrêtait que pour prendre dans les demeures abandonnées des bibelots précieux que les habitants avaient oublié d'emporter et que les pillards avaient négligés. Quelquefois, un soldat de l'escorte poussait une porte avec la crosse de son fusil, pénétrait dans la cour et, quelques secondes après, ressortait précipitamment en fermant la porte derrière lui d'un air effrayé. Si les fonctionnaires ou les officiers allaient se rendre compte de ce qui motivait cette retraite précipitée, ils voyaient invariablement ce spectacle : au milieu de la cour, un homme était étendu sur une natte. Une petite théière et une tasse étaient posées sur le sol auprès de lui, mais la théière était vide, et, dans la tasse, les feuilles de thé desséchées étaient recouvertes d'une épaisse couche de poussière et de cendres. L'homme était vêtu d'un court pantalon de toile bleue et l'on ne voyait que sa tête et son torse couleur de vieille cire. Sa maigreur était effrayante et ses yeux, enfoncés dans l'orbite, disparaissaient derrière les os de la face. Il était mort depuis longtemps et son corps, desséché par la faim, n'avait pas eu assez de chair pour pourrir. On trouva dans la même posture un tout jeune garçon qui vivait encore mais qui n'eut pas la force de faire un mouvement ou d'exhaler un soupir à la vue des Européens. On passa outre parce que l'on était pressé ou plutôt parce que personne n'eut l'idée de secourir le malheureux.

Les recherches étant peu fructueuses dans la cité, les Européens se décidèrent à explorer le faubourg du nord. Ils étaient arrivés dans le voisinage de la porte lorsqu'au détour d'une ruelle, ils aperçurent un Chinois qui courait vers eux avec de grands

gestes d'appel. L'homme expliqua bientôt qu'il y
avait tout près de là une vaste maison qui servait de
dépôt à un mont-de-piété ; qu'on y trouverait quantité de bonnes choses à prendre, mais qu'il fallait se
hâter, parce que des voleurs chinois étaient à la
curée depuis quelque temps déjà. On ne s'attarda
pas à chercher ce qui poussait cet homme à faire
une telle confidence ; au contraire, on se hâta de le
suivre dans le dédale des ruelles et, quelques minutes
après, les Européens étaient à la porte du mont-de-
piété, envahi par la foule des pillards. Quelques
bourrades et quelques coups de crosse suffirent
pour écarter les Chinois qui se rangèrent devant la
porte. On choisit là, parmi les richesses amoncelées, des fourrures et des soieries que l'on entassa
sur une charrette, et, pendant ce temps, les voleurs
chinois attendaient respectueusement que les voleurs européens eussent fini leur tâche pour continuer la leur.....

La porte franchie après quelques difficutés avec
le poste de garde qui voulait confisquer le butin, la
petite troupe se trouva dans le faubourg du nord,
le plus étendu et le plus peuplé de l'immense agglomération.

La partie de ce faubourg avoisinant le fort et la
cathédrale avait été entièrement détruite par les
obus européens et les incendies allumés par les
Boxers. La demeure luxueuse du gouverneur était

proche de la cathédrale ; il n'en restait plus que des décombres informes où quelques soldats étrangers, sous prétexte de monter la garde, cherchaient de l'or et de l'argent. Tout le reste du faubourg, sauf quelques maisons qui brûlaient encore, était intact. La foule qui s'y démenait activement ne semblait avoir pour but que la reprise du travail accoutumé. On pillait peu parce que les habitants de ce quartier étaient des ouvriers et que leurs demeures étaient pauvres. C'est pourquoi les soldats faisaient bonne garde et pourchassaient les rares voleurs.

On prit dans ce faubourg quelques chevaux et deux ou trois charrettes : tout ce que l'on put trouver, car une partie de la population, les riches et les fonctionnaires, s'étant enfuie avant la déroute des troupes impériales, avait fait main-basse sur les moyens de transport. On ne pouvait guère trouver mieux ; il était plus de midi ; la fatigue et la faim gagnaient les Européens, qui se décidèrent à rentrer dans les Concessions avec leur butin, augmenté de victuailles que les Chinois offraient dans la crainte qu'on ne les molestât pour les prendre de force.

Les Européens s'acheminaient vers leur cantonnement lorsque l'idée leur vint de passer près de la rivière pour visiter les jonques. Ils firent donc un détour et suivirent les quais jusqu'à ce qu'une jonque attirât leur attention par sa grande taille et son air de solidité. Une trentaine de Chinois, tous bien vêtus, avec un grand nombre de femmes et d'enfants, se cachaient dans l'entrepont. Ils ne firent aucune difficulté pour monter sur le pont et se laissèrent dénombrer avec docilité ; mais, quand on leur eut expliqué ce que l'on attendait d'eux, ils se mirent à pousser des cris de terreur en montrant les femmes et les enfants avec des gestes pitoyables... A quoi bon s'attarder ?.... Malgré les supplications, on mit les femmes et les enfants sur la berge et quelques coups de poing vigoureux convertirent les hommes en matelots. Ils conduisirent ainsi la jonque jusqu'aux Concessions ; mais, comme alors ils demandaient à genoux qu'on eût pitié de leurs familles égarées, on décida de les employer à quelque corvée pendant le reste du jour. A la nuit tombante, on les congédia, et parce qu'on leur avait donné une poignée de riz, ils remercièrent humblement avec des génuflexions, puis ils s'en allèrent dans l'obscurité rechercher à quelques kilomètres de là leurs femmes et leurs enfants, abandonnés depuis douze heures au milieu de la foule indifférente et des voleurs hostiles.

II

Tien-Tsin pris, l'armée impériale mise en fuite, il restait encore pour les troupes européennes à marcher vers Pékin pour la délivrance des diplomates et de leurs gardiens. Il était nécessaire d'aller au plus vite, à cause des nouvelles alarmantes qu'un émissaire indigène venait d'apporter au péril de sa vie, et l'on pouvait espérer réussir sans trop de peine si l'on ne laissait pas à l'armée chinoise le temps de se réorganiser après sa défaite.

Il n'y eut pas plus d'entente pour cette marche urgente qu'il n'y en avait eu pour le reste. Si quelques chefs désiraient partir au plus tôt vers la capitale, les autres, effrayés par l'effort énorme qu'avait coûté la conquête de Tien-Tsin, préféraient attendre encore. Les uns disaient qu'aucun obstacle n'entraverait la marche, puisque l'on était nombreux et que les ennemis étaient débandés ; les autres prétendaient qu'on ne forcerait pas les épaisses murailles de Pékin et que, seules, les armées qui partaient d'Europe en ce moment pourraient mener à bien cette lourde tâche. Comme les premiers avaient besoin des seconds, on ne put rien résoudre, et quinze jours se passèrent dans l'inaction ; toutefois, ce ne fut pas du temps perdu, car on en profita pour piller activement la nouvelle conquête.

Les derniers soldats impériaux n'avaient pas abandonné la vieille cité que, de tous côtés, les voleurs s'abattaient sur les ruines. Les pillards chinois occupaient la place et commencèrent ; mais, s'ils étaient les plus nombreux et les mieux renseignés, ils étaient les plus faibles et ne pouvaient résister aux vainqueurs. Les voleurs européens, forts de leur victoire et sûrs de l'impunité, rançonnaient les voleurs indigènes ; mais la dîme prélevée n'était pas suffisante pour leur cupidité, si bien qu'ils se mirent à piller directement.

Le premier jour, par un reste de pudeur, on ne vola guère que des vivres ou du matériel utile pour les troupes. On dérobait en passant quelque bibelot curieux ou quelque vêtement aux riches broderies ; mais on y mettait encore, du moins quelques-uns, une sorte de discrétion. Dès le lendemain, toute retenue disparut ; les étrangers de toute classe et de tout rang se ruèrent à la curée de l'or et de l'argent.

Il n'y eut pas une maison, pas un palais, pas une masure qui ne fut consciencieusement visité par les voleurs. On fouilla tout, même les décombres empuantis par les cadavres, même les demeures encore occupées quand les habitants n'avaient pu se faire protéger par d'autres voleurs. On n'épargna aucune peine, aucun soin et le résultat fut surprenant. Il n'y avait à la vérité que très peu d'or, sans doute à cause de la facilité qu'eurent les fuyards d'en emporter de grandes sommes sans trop se surcharger ; mais on trouva par contre une quantité formidable de lingots d'argent.

Tout le monde pillait sans vergogne, et ceux qui

se cachaient craignaient bien plus qu'on ne leur volât leur pillage que les réprimandes ou les punitions des chefs. Ce vol individuel devint rapidement si important qu'un essai fut tenté, non pas pour le réprimer, mais bien pour le régulariser. Un des commandants européens, dans le but d'amasser une sorte de trésor de guerre, entoura sa Concession nationale d'un cordon de douane qui devait confisquer aux voleurs tout l'argent trouvé sur eux. Les commerçants et les maisons de banque eurent d'abord l'idée de protester, car on les empêchait de voler à leur tour en achetant aux pillards les lingots dérobés pour la moitié de leur valeur ; puis ils se décidèrent à aider la fraude que les soldats de garde ne demandaient pas mieux que de favoriser. Ceux des voleurs qui n'osaient risquer la contrebande cachaient leur butin dans les autres Concessions ou négociaient leurs lingots pour un prix dérisoire à des commerçants étrangers dont quelques-uns devinrent millionnaires en deux jours. Ainsi, malgré tout le soin qu'on apportait à l'organisation de cette douane, le pillage restait aussi grand, la fraude était énorme et, cependant, le chef en question avoua le lendemain que les sommes déjà confisquées dépassaient un million.

Il n'y avait plus rien dans la malheureuse ville qui ne fût considéré par les vainqueurs comme leur propriété légitime, et même, dans le désir de mieux participer à la curée, les voleurs se volaient entre eux. Des soldats avaient trouvé dans la cité murée des caisses de lingots d'argent qu'ils se disposaient à négocier dans une banque ; mais ils ne purent faire entrer dans leur Concession la charrette qui portait leur butin. Ils se décidèrent donc à attendre la nuit pour introduire les lingots par petits paquets et cherchèrent un abri sûr dans une autre Concession. Un mur effondré présentait une brèche par laquelle la charrette fut introduite dans un grand jardin qui semblait abandonné. Pendant que les voleurs enterraient leur trésor, des serviteurs chinois les aperçurent et vinrent conter la chose au propriétaire du jardin. Celui-ci, un missionnaire catholique, peu soucieux de s'attirer des ennuis en donnant asile à de l'argent volé, craignant d'autre part que les voleurs ne lui fissent un mauvais parti s'ils ne retrouvaient pas les lingots, attendit la fin de l'opération, puis il s'en fut confier son embarras à des officiers de sa nation. Les officiers n'eurent pas une seconde d'hésitation : ils rassemblèrent quelques soldats qui prirent avec eux des pelles, des pioches et des brouettes, puis ils allèrent déterrer le magot. L'argent fut partagé entre les nouveaux pillards et des services publics. Lorsque les premiers voleurs, mis au courant de l'aventure, eurent l'effronterie de protester, on calma leur belle ardeur avec une centaine de dollars qu'ils acceptèrent avec des remerciements empressés.

Presque tous les soldats volaient directement et presque tous les civils volaient aussi en rachetant à vil prix l'argent dérobé, mais quelques-uns ajoutaient au pillage une occupation qu'ils jugeaient sinon plus utile, du moins plus agréable : ils couraient les filles et se cherchaient des maîtresses dans la ville conquise.

Un soldat qui pillait un matin s'arrêta devant une maison d'apparence confortable dont la porte était close. A l'intérieur, nul ne bougeait : c'était suspect. Il essaya d'ouvrir, mais les volets barricadés résistaient aux coups de crosse. Au bout de quelques minutes d'efforts infructueux, il allait se retirer, quand un bruit de chaînes et de verrous se fit entendre et la porte s'ouvrit. L'homme entra. Dans la grande salle richement décorée, quelques Chinois se tenaient debout dans une posture humble et craintive. Il y avait aussi deux femmes, dont une très vieille et, se cachant derrière la robe de sa mère, une fillette d'une douzaine d'années.

Quand le soldat vit ce jeune visage effrayé, un désir violent le prit. Avec une figure de bête en rut, il s'avança vers l'enfant et lui mit brutalement la main sur l'épaule pour l'entraîner. Un geste rude fit comprendre ce qu'il attendait d'elle. Epouvantée, la fillette se pressait contre sa mère et poussait des cris déchirants. La tête de son enfant retenue sous son bras, la mère résistait de toutes ses pauvres forces à la main brutale. Les deux genoux à terre, la vieille Chinoise essayait d'attendrir le soldat, dont cette résistance inattendue exaspérait le désir. Effrayés par les éclats de voix de l'étranger, les hommes s'empressaient avec des gestes serviles et gourmandaient les femmes et l'enfant qui ne voulaient pas se rendre. Une secousse plus forte priva la fillette de son asile et l'homme l'emportait comme une proie dans la chambre voisine, quand les cris de la malheureuse touchèrent enfin son cœur endurci..... Peut-être aussi ne fut-ce que le brusque apaisement d'un désir trop longtemps inassouvi. Il ouvrit les mains, laissa l'enfant s'affaisser sur le sol et s'enfuit sans mot dire dans la rue..... du moins, c'est ce qu'il racontait le même soir à ses camarades.

Mais, pour un qui ne put ou n'osa pas ajouter le viol à ses exploits, combien d'autres, au contraire, n'hésitèrent pas à se passer, comme ils disaient, leur fantaisie sur les vieilles comme sur les jeunes, sur les prostituées comme sur les vierges.....

Semblables aux soldats, les civils cherchaient des femmes et, s'ils n'y mettaient pas plus de discrétion, ils y mettaient plus de formes. Leurs domestiques indigènes partaient en chasse dans la ville chinoise et recrutaient des maîtresses qu'ils attiraient avec

des bracelets, la promesse d'une bonne nourriture
ou par la crainte des châtiments.....

Ainsi, les soldats avaient parcouru tout le cycle.
Ils avaient commencé par brûler inutilement des
quartiers entiers, dont l'innocente et misérable population avait dû fuir au hasard devant les baïonnettes
et le pétrole ; puis, pendant un mois, ils avaient tué
à tort et à travers et le plus souvent sans raison
des inconnus qui ne leur voulaient aucun mal, et,
depuis deux semaines, ils volaient effrontément,
sans retenue ni pudeur. Incendiaires, assassins et
voleurs, voilà ce que la guerre avait fait d'eux.

III

Un mois après la prise de Tien-Tsin, les troupes
alliées entraient dans Pékin et délivraient les légations. On avait enfin décidé la marche en avant,
parce que l'on craignait d'arriver trop tard pour
secourir les assiégés, et surtout parce que l'on voulait remporter la victoire définitive avant l'arrivée
des troupes d'Europe. Dès que l'on apprit que les
puissances occidentales envoyaient en Chine des
armées nombreuses, les troupes de Tien-Tsin se
rassemblèrent à la hâte et se mirent en marche vers
la capitale.

Si les Européens avaient bien employé leur temps

en pillant leur conquête, les troupes chinoises avaient mieux employé le leur en se réorganisant après la défaite. Elles s'étaient retranchées sur la route de Pékin, et, pleines d'un nouveau courage, attendaient l'ennemi. La garnison de Pékin, de son côté, se préparait au choc suprême, et c'était là l'inévitable résultat de l'inaction des vainqueurs de Tien-Tsin. La bataille qu'on aurait peut-être pu éviter si l'on avait été moins nonchalent eut donc lieu ; elle coûta aux deux adversaires un grand nombre de vies humaines, dispersa l'armée chinoise et permit aux soldats européens de gagner Pékin sans plus combattre.

Cette marche dans un pays désert et complètement évacué par les troupes ennemies aurait pu se faire sans difficultés, du moins avec ordre et méthode. Il n'en fut pas ainsi, parce que les différents détachements ne purent s'entendre et qu'aucun d'eux ne voulut accepter la subordination à son voisin.

Chacun allait à l'aventure avec le seul désir d'arriver le premier sous les murs de la capitale et sans se demander s'il ne valait pas mieux y arriver tous ensemble, pour être forts, que d'y arriver seul et faible. Cette précipitation, jointe à l'épuisement des troupes généralement mal organisées, entraîna des méprises graves qu'un peu de sang-froid eût fait éviter : des détachements canonnèrent leurs voisins, les prenant pour l'ennemi, parce qu'ils ignoraient l'ordre de marche des autres ; peu s'en fallut qu'on ne vît encore, comme dans la première colonne de Pékin, des soldats affolés transpercer de leur baïonnette leurs propres alliés. Le désordre et le manque d'organisation furent tels qu'un des détachements s'égrena presque en entier sur la route, et ce qu'il en parvint sous la capitale arriva, tel un marin qui navigue sans carte, presque par hasard et le lendemain de l'assaut.

Au milieu du mois d'août, les Européens se trouvaient sous les murs de Pékin. Ils se ruèrent incontinent sur les portes du Sud et de l'Est, sans concerter leurs mouvements ni attendre les retardataires. Les Chinois firent assez peu de résistance ; mais les dimensions colossales des murailles et la disposition compliquée des portes décuplaient leurs forces. Il fallut un jour entier de lutte meurtrière pour les déloger. Pendant qu. ...urs alliés se faisaient tuer par centaines sous les remparts, des soldats européens trouvaient une brèche naturelle dans la ligne de défense. Ils profitaient d'un débouché d'égout non gardé par l'ennemi, pénétraient sans coup férir dans la ville, délivraient les légations et terminaient du coup toute la guerre.

La ville prise, on s'empara facilement de l'immense palais impérial, d'où les souverains venaient de s'enfuir, et le pillage commença. Pendant que la cour chinoise, réduite à un petit nombre de serviteurs, gagnait l'intérieur du pays sous l'escorte des débris de l'armée, les vainqueurs visitaient la ville et se la partageaient pour piller avec plus de commodité, sans risques de contestations.

Peut-être aurait-on pu poursuivre les fugitifs et les faire prisonniers ; cette capture eût amené la prompte signature d'un traité de paix, évité l'envoi des armées d'Europe et, par conséquent, les excès de toute sorte qui se commirent dans la suite ; mais on n'y songea même pas. Le pillage était plus important et donnait bien assez de besogne.

Le vol fut encore plus scandaleux à Pékin qu'il ne l'avait été à Tien-Tsin ; non seulement parce que la capitale contenait plus de richesses et de trésors, avec ses palais et ses temples, mais surtout à cause du cynisme qu'étalèrent les voleurs. Du plus petit au plus grand, les civils comme les soldats, tout le monde volait. Ceux qui s'estimaient les plus honnêtes ne prenaient que des étoffes de prix et des bibelots rares qu'ils dérobaient dans le palais impérial. Quand les recherches étaient infructueuses, ils dévalisaient les boutiques des marchands Chinois et se déclaraient vertueux quand ils dédommageaient le volé avec une pièce d'argent qui représentait le centième de l'objet pris.

La masse faisait simplement la chasse aux lingots d'or et d'argent. Il y en avait un si grand nombre que les soldats ne savaient plus qu'en faire et se trouvaient fort embarrassés. D'habiles commerçants surent en profiter pour s'enrichir. Ils tiraient les voleurs d'affaire en leur achetant leurs lingots à moitié prix. Comme l'argent monnayé se faisait rare, ils tiraient des lettres de change sur des banques d'Europe, de sorte que le vieux monde tout entier devint le complice d'une bande de voleurs. Les complices du vol, voleurs eux-mêmes puisqu'ils s'enrichissaient aux dépens des pillards, ne furent pas seulement des commerçants, comme cela s'était passé à Tien-Tsin ; des hommes que leur métier et la morale qu'ils professaient auraient dû tenir à l'écart de cette honte, ne craignirent pas de signer des lettres de change pour des lingots volés qu'ils estimaient au-dessous de leur valeur. Quels que fussent les prétextes qu'ils donnaient pour déguiser leur complicité ou pour pallier leur honte, lourdes pertes causées à leurs missions par la guerre, cathédrales et chapelles bombardées à reconstruire, ils n'auraient pas dû faire semblant d'ignorer que celui qui profite de l'argent volé ou qui facilite le vol n'est lui-même ni plus ni moins qu'un voleur.

On se débarrassait donc des lingots avec assez de facilité ; mais il n'en était pas de même pour les objets de prix, dont beaucoup était lourds et encombrants. Les chefs transformèrent vite leurs soldats en emballeurs, et tout un service de transport par la rivière fut organisé. Les convois de jonques qui remontaient de Takou à Pékin avec des vivres pour les troupes, redescendaient surchargées de caisses remplies d'objets volés que des vapeurs emportaient vers l'Europe. Les soldats restés sur le rivage, et qui n'avaient pas part au gâteau, comptaient avec jalousie les nombreux colis qu'ils chargeaient sur les navires ; mais il y en avait tant qu'ils renoncèrent bientôt à cette distraction. Tout ce service de transport et d'emballage était confié à des soldats ou des matelots, de sorte que les chefs et les civils, seuls, en pouvaient profiter facilement. Ils ne s'en firent pas faute. Les simples soldats étaient réduits à voler et négocier les lingots d'or et d'argent. Ils ne s'en plaignaient pas parce qu'ils faisaient de beaux bénéfices ; mais, tout en volant, ils ne pouvaient pas empêcher leur conscience de dire qu'ils n'étaient que des misérables. Trop faibles pour s'accuser eux-mêmes, ils jugeaient avec sévérité les vols de leurs chefs qu'ils méprisaient secrètement. Quelques jours de pillage dans cette grande ville abandonnée suffirent pour transformer en bandes indisciplinées les troupes étrangères, si fières en temps ordinaire de leur belle conduite et de leur bonne tenue, et cette déchéance morale ne fut causée que par la mollesse et la conduite honteuse de ceux qui s'étaient faits conducteurs d'hommes.

Lorsque les armées envoyées d'Europe arrivèrent

dans le Pé-Tchi-Li, les choses changèrent un peu
d'aspect. Le scandale des vols avait été si grand que
certains gouvernements n'osèrent pas profiter du
pillage en acceptant les caisses destinées à leurs
musées. Ces colis furent donc renvoyés pour être
restitués ; mais, comme on ne rechercha pas les propriétaires et que le plus grand d'entre eux, l'empereur, était en fuite, les objets soi-disant rendus
restèrent à l'abandon sur le rivage et ne furent pas
perdus pour tout le monde. En même temps qu'ils
refusaient avec vertu ces présents suspects, les
gouvernements ordonnaient sévèrement qu'on mit
fin au pillage ; mais cette défense était superflue
parce que le mal était fait. On essaya bien de faire
rendre gorge aux petits en supprimant ce qu'on
appelle les parts de prise, mais les grands ne furent
pas inquiétés.

Les nouveaux venus, cent mille soldats avec de
nombreux généraux, cherchèrent à se maintenir à
l'unisson de l'opinion publique européenne qui
réprouvait tous ces scandales et, pendant quelque
temps, l'armée conquérante s'abstint de voler ;
mais la tentation était trop forte devant toutes
ces richesses abandonnées ; l'exemple des vainqueurs de Pékin, qui se promenaient couverts de
riches fourrures en faisant sonner leurs poches
bourrées d'or, était irrésistible pour des hommes
réduits à l'inaction, et le pillage recommença bien-

tôt, aussi grand que par le passé, mais plus discret.

Pour empêcher cette armée de tomber en décomposition, il fallait à tout prix occuper les soldats et la seule occupation qui leur convint était de faire la guerre. On s'y résolut avec d'autant plus de plaisir qu'il était nécessaire, pour les nouveaux venus, de cueillir des lauriers pareils à ceux de leurs prédécesseurs. La difficulté commença lorsqu'il fallut passer à l'action. On occupait bien avec une armée nombreuse et aguerrie un pays conquis, mais l'ennemi manquait. Les troupes chinoises s'étaient complètement débandées ; ce qui restait de soldats fidèles s'était retiré avec le souverain à plus de six cents kilomètres de Pékin. Les Boxers, terrifiés par les victoires européennes, pourchassés par les autorités indigènes qui se rangeaient toujours du côté du plus fort, découragés par l'insuccès de leurs maléfices, s'étaient dispersés. Il n'en restait, pour ainsi dire, plus de traces. Cependant, il fallait guerroyer, on guerroya ; il fallait trouver des ennemis, on en trouva.

Sous prétexte de pacifier une province où les brigands n'étaient pas plus nombreux qu'en temps de paix, où d'ailleurs ces brigands étaient, pour la plupart, des paysans réduits à la famine par la guerre, de fortes colonnes de fantassins, de cavaliers, d'artilleurs parcoururent tout le pays. Là où quatre gendarmes auraient suffi pour ramener l'ordre, des milliers de soldats étrangers promenaient le fer et le feu. On enlevait d'assaut des villages qui ne résistaient pas et si, par malheur, un coup de pistolet ou de vieux tromblon était tiré, si quelque fanatique isolé agitait de loin un sabre ébréché, on massacrait, on brûlait tout. Il n'en fallait pas autant quelquefois. La plus brillante victoire dont les étrangers se vantèrent fut celle où le télégraphe annonça au monde entier un unique soldat blessé pour mille Chinois tués. Personne n'eut l'idée qu'une si extraordinaire disproportion dans les pertes décelait seulement un abominable massacre.

Les grandes villes ouvraient leurs portes et les magistrats venaient humblement supplier les étrangers d'épargner les vies et les biens des habitants. On promettait toujours et généralement la promesse était à peu près tenue, c'est-à-dire que l'on pillait peu. On ne tuait pas non plus, mais les soldats couraient les jolies filles et personne n'osait résister.

Dans l'intervalle des victoires, les soldats pillaient comme de juste, et parce que l'on était loin de Pékin et des grands chefs toujours sévères, on s'en donnait à cœur joie. Les officiers ne disaient rien; d'ailleurs, les hommes ne les craignaient pas, car ils pillaient aussi. Quelques soldats disaient à haute voix qu'on tenait les officiers, qu'on ne serait pas dénoncés et qu'on pouvait y aller. Ils s'en vantèrent plus tard.

C'est ainsi que les Européens, pour occuper leurs loisirs, pacifiaient la contrée. Quand elle fut pacifiée, c'est-à-dire quand les campagnes furent vides d'habitants et les faubourgs des grandes villes remplis d'affamés, quand il n'y eut plus, en dehors des cités fortifiées, que des ruines fumantes, on occupa le pays et l'on fit croire au monde que les meilleures relations existaient entre les honnêtes conquérants et la population ; que le coupable dans toute cette affaire était l'empereur de Chine, qui s'obstinait à ne pas vouloir revenir dans sa capitale, conservée pieusement intacte par les vertueux étrangers.....

CHAPITRE VII

L'Enfer

I

Ainsi, voilà la guerre !

Brûler, tuer, voler, c'est faire la guerre !

Chasser de leurs demeures les paisibles habitants, sans se soucier de ce que vont devenir les milliers de femmes et enfants innocents qu'on jette à la rue sans toit ni pain ; mettre le feu aux maisons ; anéantir en une heure toutes les richesses qui ont coûté aux humbles des mois et des années de travail et de privations, sans profit pour personne, pas même pour soi : c'est faire la guerre.

S'embusquer au coin d'un mur, se terrer dans une tranchée pour tirer sur tout ce qui passe, sur les vieillards, sur les femmes, sur les paysans désarmés ; se ruer à cent, à mille, contre une autre troupe de soldats inconnus qu'on ne reverra jamais, pour lesquels on n'a qu'indifférence et qui ne vous veulent aucun mal ; décharger son fusil dans le tas, au hasard ; enfoncer frénétiquement sa baïonnette dans les chairs molles ; lancer à des kilomètres de là des obus dont les éclats allument partout l'incendie, crèvent les toits, percent les murs, déchiquetent en aveugles des gens qu'on ne voit même pas ; étripailler les autres et se faire étripailler par eux : c'est faire la guerre.

Voler enfin ! Profiter du désarroi général pour mettre à sac les villes conquises ; s'emparer de l'or et de l'argent ; dévaliser les maisons abandonnées ; chercher avec rage dans les décombres tout ce qui tente la cupidité, sans souci de l'odeur immonde des cadavres que l'on a faits soi-même ; s'introduire dans les demeures encore habitées pour terroriser les habitants et leur prendre violemment tout ce qu'ils ont ; être assez rapace et assez vil pour voler même les autres voleurs ; mettre en émoi par des cris et des injures les fillettes ignorantes et les violer lâchement ; frapper les vieillards et les femmes pour les mieux rançonner : c'est faire la guerre.

Et, pendant tout le temps que durent ces atrocités, vivre abruti par la vermine, la fatigue et la faim ; ne pas se laver, mal manger et mal dormir ; ne rien penser ; agir sans comprendre et sans réfléchir, sans même avoir le sûr instinct des animaux ; n'être qu'un odieux et passif instrument entre les mains de gens aussi fatigués, aussi sales, aussi bêtes que vous : c'est faire la guerre.

Brûler, voler, tuer, c'est faire la guerre !

Et c'est bien tout cela, n'est-ce pas, que tu as fait ? Tu ne peux le nier, car tu ne peux pas l'avoir oublié ; on n'oublie pas ces choses là.

Allons, fais un effort et souviens-toi. Souviens-toi du faubourg en flammes et de l'exode lamentable de ces malheureux que tu poussais devant toi. Tu n'as pas oublié cela, car tu y passais tous les jours dans ces ruines puantes dont tu étais l'auteur, et tu vois bien encore ce vieillard étendu les bras en croix dans la plus grande rue du faubourg. Il était estropié et ne put s'enfuir à temps ; une poutre enflammée se détacha du mur et le tua. Souviens-toi avec quelle répugnance tu passais auprès du cadavre, si pourri que les chiens eux-mêmes n'en voulaient pas. Viens donc le voir encore, tout noir dans ses vêtements calcinés, et remue encore en passant l'essaim des grosses mouches vertes qui bourdonnent rageusement quand on les dérange de leur repas.

Viens voir ton cadavre et tes ruines ; car tout cela t'appartient, c'est ton ouvrage. C'est bien toi l'incendiaire, n'est-ce pas ?

Viens voir aussi cette vieille femme qui s'enfuit dans la nuit ; écoute cette balle qui siffle à son oreille et cette autre qui lui brise la jambe. Aide-la donc à se relever pour qu'elle puisse être fusillée encore une fois. Regarde-la bien ; tu la reconnais puisque tu l'as enterrée après l'avoir tuée.

Et ce soldat qui s'enfuit là-bas et qui jette son fusil pour être plus leste. Cours après lui pour le voir percer d'une balle. A présent, quelqu'un s'approche ; l'ennemi est à terre, désarmé, mais qu'importe ? Vite, perçons lui le ventre avec la baïonnette ; un tour de main pour élargir la blessure, puis les tripes à l'air. Comme cela, il en a pour plusieurs heures à rester immobile avant de crever.

Viens voir encore tous ceux-là qui gisent sous les ruines fumantes. Regarde les efforts qu'ils ont faits pour soulever les décombres qui les écrasaient ; regarde les mains crispées sur les bouches tordues pour repousser la fumée. Réponds donc aux regards d'épouvante de toutes ces faces noircies par la flamme. Compte-les tous ces morts : ceux qui furent brûlés vifs parce qu'ils étaient trop vieux pour courir ; ceux qui furent étouffés sous les poutres calcinées ; ceux que les balles invisibles ont renversés dans les rues, ceux que les obus ont déchiquetés derrière les murs ou que les maisons bombardées ont écrasés dans leur chute ; et tous ceux-là qui sont morts de faim, de soif et d'angoisse ; tous ces suppliciés qui ont attendu des heures et des jours que la mort vînt les délivrer des souffrances causées par les blessures que tu leur jetais de loin.

Regarde-les tous. Il n'y a pas un endroit de toute

cette plaine, de toute cette ville, d'où les morts ne se dressent avec leurs faces blêmes sur des corps ensanglantés que les chiens déchirent après les obus. Compte-les si tu le peux tous tes morts ; car ce sont tes morts, n'est-ce pas, assassin ?

Compte aussi tous ceux que tu as fait tuer. Tous ces jeunes hommes pleins de vigueur et de santé, tous ces jeunes soldats qui ne demandaient qu'à bien vivre et qui, dans leur ignorance, avaient foi en toi. Compte-les, tous ceux qui sont venus de la lointaine Europe soutenir contre des inconnus une querelle dont ils ignoraient le premier mot. Viens soulever la terre qui recouvre la fosse commune pour contempler tous ceux que la mort a pris par ta faute et qui ont souffert inutilement. Ceux-là aussi sont bien à toi comme sont tiennes les misères et les angoisses de leurs familles que tu as, bêtement et sans raison, privées de leur soutien.....

Tu ne peux les compter ; ils sont trop.....

Viens encore une fois parcourir les rues de la ville au pillage. Mêle-toi donc à cette troupe de voleurs qui chasse la foule pour voler plus à son aise. Crochète les portes, fracture les meubles pour dérober l'or et l'argent. Repais-toi de la vue du larcin. N'étais-tu pas de ces voleurs qui violentaient les pacifiques pour leur arracher le secret de leurs trésors ? N'étais-tu pas de ces cambrioleurs qui volaient tout, jusqu'aux cravates, dans les maisons amies ? N'étais-tu pas de cette troupe de bandits qui, la nuit, dévalisaient les passants attardés, les jetaient dans la rivière pour les empêcher de porter plainte, et qui eurent l'audace d'attaquer, un soir, un officier européen qui sut se défendre ?..... Voleur !..... C'est bien toi, n'est-ce pas, qui as fait tout cela ? C'est bien toi, l'incendiaire, l'assassin, le voleur.

Pourquoi as-tu fait tout cela ? Pour quelles raisons as-tu commis ces infamies ? Qui t'obligeait à violer toutes les lois ? Tu savais bien qu'il est défendu de brûler, de voler et surtout de tuer. Alors pourquoi l'as-tu fait ?.....

II

Oui, pourquoi donc as-tu fait tout cela ! Pour se réunir en bandes nombreuses et pénétrer ainsi dans un pays étranger ; pour y répandre la terreur et la misère, il faut avoir de puissants motifs. Si ces abominations sont défendues partout et toujours à l'homme isolé, il faut de bien sérieuses raisons pour enfreindre la défense et faire excuser toutes les vilenies que l'on commet en troupe. Cherche-les donc ces raisons.

Le pays était en ébullition. Des bandes de fanatiques parcouraient les cités et les villages en préchant la guerre sainte. Ils excitaient la population à la haine des étrangers et de leur religion. Faible et divisé, le gouvernement n'était plus maître de la révolte et, peut-être même, l'encourageait secrètement. De nombreux indigènes étaient en butte aux outrages de la populace et leurs pasteurs demandaient des secours pour eux. Enfin, les Européens établis dans le pays craignaient pour leur vie. Les désordres commençaient, l'incendie s'allumait, les meurtres étaient proches. C'était donc pour remettre de l'ordre dans ce chaos, soumettre les fanatiques révoltés, secourir les pasteurs et leurs ouailles, protéger les Européens que toi et tes compagnons étiez venus dans ce pays.

Mais d'abord, s'il est vrai que les indigènes avaient tort de s'exciter les uns les autres à la haine de l'étranger, les Européens avaient-ils raison de fournir aux Chinois des motifs légitimes de haine? Peut-on dire qu'ils n'en fournissaient pas et que leur cause était juste?

Quelle sympathie pouvaient bien inspirer ces commerçants venus de l'autre bout du monde enseigner à ce peuple des industries inutiles ou dangereuses? Quelle estime méritaient ces hommes qui, les armes à la main, forçaient toute une nation à s'empoisonner pour les enrichir et dont le principal commerce consistait à vendre au gouvernement chinois les canons et les fusils destinés à leur faire la guerre? Quelle pitié pouvait-on avoir pour des Européens qui envoyaient leurs compatriotes se faire écharper par les armes qu'ils avaient fabriquées?

Et ces pasteurs, à quelque confession qu'ils appartinssent? Qu'étaient-ils venus faire dans ce pays? En quoi leur morale était-elle supérieure à celle que professait le peuple jaune et quel intérêt primordial trouvaient-ils à remplacer les enfantines superstitions des bonzes par les leurs? Ils n'étaient pas plus sincères que le clergé auquel ils étaient venus faire concurrence, puisqu'ils s'enrichissaient en prônant l'amour de la pauvreté, et qu'ils appelaient l'aide des canons de leurs compatriotes tout en prêchant à leurs ouailles la vérité d'un livre sacré dans lequel il est dit de ne pas tuer et de ne pas résister au méchant.

Tous ces étrangers ne méritaient pas plus que les Chinois la commisération. Tu leur devais la pitié qu'inspire toute créature humaine qui souffre et qui tremble; mais tu ne pouvais pas croire leur cause juste. Cependant, tu les a défendus; on t'a persuadé que tu leur sauvais la vie. Comment as-tu fait pour cela?

Pour sauver les vies compromises de quelques centaines de tes compatriotes, tu as égorgé des milliers d'individus; sans compter la misère effroyable qui fut le résultat de cette boucherie, misère si grande que, pendant l'hiver où vous occupiez le territoire chinois, il y eut des villes où l'on vendait de la chair humaine au marché public. Et cela n'a pas suffi puisqu'il a fallu, comme rançon de la vie de tes compatriotes, faire égorger des milliers d'autres Européens. Oses-tu dire à présent que des dizaines de milliers de meurtres étaient justifiés pour en éviter quelques centaines ? Si même il avait fallu échanger vie pour vie, qui pouvait justifier l'échange ? Qui t'a permis de juger qu'une vie chinoise est moins utile qu'une vie d'Européen ? Toutes les vies sont également précieuses et ne peuvent être à la merci de l'homme.

Enfin, s'il était permis de supposer cette chose absurbe qu'il n'y avait pas d'autre moyen que le meurtre pour éviter le meurtre, comment peux-tu dire qu'en massacrant des milliers d'hommes, tu étais certain d'éviter le massacre des autres ? Pour sauver tes compatriotes d'une mort hypothétique, tu livrais les Chinois à la mort certaine. Les assassinats que tu commettais, c'était le présent ; la mort de tes compatriotes était dans l'avenir et tu ne connaissais pas l'avenir.

Tu ne peux pas dire que tes crimes étaient justifiés par le péril des Européens ; c'est pourquoi tu es sans excuse.

Il est vrai que ces pasteurs hypocrites et ces commerçants cupides s'ils ne méritaient pas le sort affreux que des fanatiques ignorants leur préparaient, ne méritaient pas non plus qu'on fît pour leur défense d'aussi cruels sacrifices. Il est vrai que la cause mauvaise des Européens ne justifiait pas les meurtres que l'on commit pour elle, mais la querelle avait une origine dont la hauteur dépassait de beaucoup ces quelques individualités peu intéressantes. On semblait bien se battre, les uns pour délivrer des compatriotes assiégés, les autres pour chasser des étrangers détestés; en réalité, chacun des deux adversaires combattait pour imposer à l'autre sa civilisation, sa croyance et ses mœurs. Il est vrai que le meurtre d'une seule vie ne peut se justifier par la sauvegarde d'une autre vie; mais peut-être est-il nécessaire, quoique regrettable, de sacrifier quelques existences pour permettre à toute l'humanité de vivre unie sous les heureux bienfaits de la civilisation supérieure qu'ont inventée les peuples d'Occident. Donc, tu étais, non le sauveur de quelques Européens, mais le champion d'une haute civilisation. Si cela est, tu es encore plus coupable.

Il n'y a pas au monde de raison suffisante pour justifier l'assassinat; personne ne peut sincèrement comprendre qu'il faille tuer les uns pour le bonheur des autres, car le meurtre engendre la haine et non l'amour. C'est une étrange civilisation que celle qui s'affirme par l'incendie, le meurtre et le vol.

Avant de te faire le champion de l'Occident contre

la société chinoise, il fallait savoir laquelle des deux civilisations était supérieure à l'autre. Pour résoudre la question, il te fallait réfléchir et comparer ; or, tu ne pouvais pas comparer puisque tu ne connaissais rien du monde étrange que tu combattais.

Cependant tu aurais pu, tu aurais même dû réfléchir, comme tout homme doit le faire avant d'agir. Si tu avais réfléchi, tu te serais demandé à quoi l'on reconnaît la bonne civilisation. Pouvais-tu dire que la tienne était la bonne, quand on voit tous les hommes qui vivent sous ses lois n'avoir d'autre idée que de se nuire les uns aux autres ; quand on les voit élever jalousement entre des peuples frères des barrières compliquées ; quand on les voit entasser les armes sur les armes, s'exciter contre leurs voisins et se ruer périodiquement à la boucherie ? Est-ce vraiment la bonne civilisation celle qui consiste, pour les peuples et les gouvernements, à dépenser presque tout leur travail en vue des guerres imbéciles et cruelles ? Les Occidentaux ont-ils le droit de se dire sages et civilisés quand ils n'ont de louanges et de flatteries que pour les assassins à gages ? Peut-on les croire intelligents quand on voit les classes dirigeantes et les gens instruits mépriser le laboureur qui les fait vivre et couvrir d'honneurs le soldat qui les tue ? Est-ce bien l'indice d'une civilisation supérieure que cette constante préoccupation du meurtre des voisins, que ces dépenses folles qui ruinent le peuple travailleur pour construire des machines destinées à le massacrer ?

Si tu avais réfléchi à tout cela, tu te serais peut-être inquiété de savoir si la civilisation jaune était vraiment inférieure à la tienne, et la comparaison n'aurait pas été à l'avantage de celle-ci. Ce n'est pas avec les télégraphes et les chemins de fer, encore moins avec les armes perfectionnées qu'on juge une civilisation. Mieux vaudrait voir disparaître tout ce prétendu confort qu'une seule vie humaine ou la conscience du bien et du vrai. Si les Chinois n'avaient pas en leur possession toutes ces conquêtes de la science dont les Européens se montraient si fiers, du moins avaient-ils cette grande supériorité morale de tenir dans le mépris public le plus inutile et le plus sacrilège des métiers, celui de soldat, que les Occidentaux honoraient follement. A ce signe, tu aurais pu les juger supérieurs, cesser de les mépriser et surtout de les combattre. Mais tu n'as pas voulu réfléchir, c'est pourquoi ta faute est sans excuse.

Tu disais avoir été, non le défenseur de quelques compatriotes, mais le champion de ta civilisation ; tu vois bien que c'est une excuse odieuse et ridicule. Oseras-tu dire que tu étais, non le défenseur de quelques prêtres, mais le champion d'une cause religieuse, puisqu'aussi bien les haines religieuses étaient le principal motif de cette guerre ? Comment pourrais-tu dire cela ? Quel intérêt avais-tu à soutenir une religion que tu jugeais stupide et fausse ? Pour défendre une croyance que les prêtres propageaient sous la protection des fusils et des canons, il aurait fallu, sinon y croire, du moins estimer cette croyance et ses prédicateurs. Pouvait-on l'estimer cette religion qui déchaînait la guerre pendant que ses ministres prêchaient la paix ? Comment estimer ces pasteurs ou ces prêtres dont la vie de chaque jour était en contradiction formelle et constante avec la morale de leur Maître ; qui n'enseignaient que le mensonge de superstitions ridicules et cachaient soigneusement la vérité proclamée dans leur Livre, soi-disant sacré ? Quel intérêt pouvait-on prendre à la cause de ces gens qui prêchaient l'amour de la pauvreté et de la chasteté, le pardon des offenses et l'humilité, et qui, pendant ce temps, s'enrichissaient, touchaient les loyers de maisons de tolérance, commerçaient avec de l'argent volé, spéculaient sur le martyre en réclamant avec menaces de grosses indemnités quand on avait tué l'un des leurs ? Cette religion stupide et mensongère faisait aussi partie de ta civilisation ; il n'y avait pas lieu d'en être fier, encore moins de violer pour elle toutes les lois de la conscience éternelle.

En supposant même que ta civilisation fût vraiment la bonne et qu'elle fût capable d'améliorer la société chinoise en la délivrant de ses fonctionnaires cupides et de ses supplices barbares, tu aurais dû réfléchir que ce n'est pas avec le canon que l'on démontre aux autres peuples la supériorité de sa civilisation et qu'on les incite à imiter ses mœurs. Ce n'est pas en brûlant, en volant, en tuant que l'on prouve aux autres la pureté et la douceur de ses principes. Suppose que, de ton vivant, tu aies vu deux hommes se quereller. Un troisième s'approchant d'eux, pour leur démontrer les bienfaits de la concorde, commence par séparer à coups de poing les deux adversaires. N'aurais-tu pas, à juste titre, traité ce pacificateur d'imbécile ? Et s'il s'était interposé, non plus avec ses poings, mais avec son revolver, ne l'aurais-tu pas traité de gredin ? Et bien, tu étais ce gredin.

Ainsi, tu as brûlé, tué, volé sans aucune raison. Toutes les atrocités que tu as commises étaient inutiles ; tu n'as pas même un semblant d'excuse pour les justifier. Tu es allé là sans réfléchir, comme une bête brute dont les passions malsaines sont déchaînées. Pourquoi n'avoir pas réfléchi avant l'action ? C'était ton devoir pourtant. Pourquoi ne ne l'as-tu pas fait ?

Tu ne l'as pas fait parce que tu étais militaire. Tu ne t'es pas préoccupé de la justice de ta cause, ni de la supériorité plus ou moins grande de ta civilisation. Tu es allé là, simplement, parce que c'était ton métier. On t'a ordonné de tuer, de brûler ; tu as obéi, sans réfléchir, parce que c'est en cela que consiste la discipline. Tu as été même plus que discipliné ; tu as montré un zèle remarquable en ajoutant aux atrocités qu'on te commandait d'autres vilenies comme le pillage et le viol.

Depuis quand l'homme a-t-il la permission d'agir sans réfléchir et de laisser à d'autres le soin de juger si ses actions sont bonnes ou mauvaises ? Tu étais militaire et tu remplissais ton devoir d'obéissance ? Cela prouve que ce métier que tu avais choisi librement était vil et bas, s'il consistait à obéir sans raisonner. La raison a été donnée à l'homme pour qu'il s'en serve et non pour qu'il abdique son libre arbitre entre les mains des autres. C'est ce que tu faisais cependant et ta faute n'en est que plus grande.

Des soldats ignorants pourraient peut-être invoquer cette excuse à leur crime, mais toi, qui fus un homme instruit, tu ne peux pas l'invoquer. Ces hommes, élevés depuis leur enfance dans les odieuses superstitions des églises, peuvent s'excuser ainsi. On leur a appris qu'une autorité infaillible, tenant son pouvoir d'un Dieu cruel, était seule capable de juger le bien et le mal. Ils l'ont cru parce qu'on les a effrayés par la menace des châtiments. Toute leur vie n'a été qu'obéissance. La terreur des peines éternelles et la crainte des punitions immédiates, infligées par les maîtres qui disposent du gendarme et de la prison, les ont maintenus sous le joug.

La tromperie s'est exercée sur eux par tous les moyens les plus propres à dérouter les intelligences, et surtout par la violence qui déroute tant les pauvres gens. Depuis leur naissance jusqu'à leur mort, ils ont été, pour les plaisirs et la satisfaction des vices de leurs frères fortunés, soumis à un labeur qui aurait tué des bêtes de somme. Dans l'abrutissement d'un travail exagéré, qui n'avait pas de fin, ils n'ont pas eu le loisir de réfléchir à la sottise, à l'immoralité des actes qu'on les obligeait à commettre. Ils sont restés pauvres, ignorants, misérables ; ils n'ont pas pu se délivrer.

Mais toi, homme instruit, esprit fort, lorsque l'on t'a mis en présence de ces crimes, tu étais délivré depuis longtemps. Tu ne croyais plus à tous ces mensonges des Églises, ni à l'enfer, ni au paradis, ni aux absolutions. Tu avais appris que la raison seule est le guide de l'homme. Tu proclamais hautement la liberté de conscience individuellle et les droits imprescriptibles de la raison humaine. Alors, puisque la raison était libre, pourquoi ne t'en es-tu pas servi ? A quoi bon savoir que nul ne peut peser sur la conscience de son voisin et qu'il n'y a pas de raison humaine capable d'imposer aux autres ses décisions ; à quoi bon être instruit de ces choses si l'on se soumet bêtement aux ordres cruels de gens

qui ne peuvent être supérieurs? On peut excuser et
plaindre des criminels ignorants, le pardon calmera
leurs peines ; mais la malédiction s'étend sur ceux
qui savaient et qui n'ont pas voulu suivre la loi.

Toi, tu savais ! L'heure était venue pour toi
d'écouter ta conscience. Elle te disait de ne pas faire
cela : de ne pas brûler, de ne pas tuer. Ta raison
souveraine te démontrait la justice des ordres de ta
conscience. Tu as volontairement préféré obéir aux
autres hommes débauchés et cruels, c'est pourquoi
la malédiction pèse sur toi.

III

Pourquoi cherches-tu maintenant à atténuer
l'horreur de tes crimes? Tu les as commis sans
mesure comme sans raison. Leur nombre est sans
limite Ce n'est pas parce que certains vols ou certains
assassinats ont été commis à ton insu par des étrangers que ta faute est diminuée. Vous n'étiez pas des
bandes d'assassins ou de voleurs séparées ; au contraire, vous unissiez vos forces pour l'accomplissement de votre hideuse besogne, de sorte que vous
étiez tous complices. Chacun de vous était coupable
des crimes de son voisin au même titre que le ban-
dit tenant la main de la victime est complice de
celui qui brandit le couteau. C'est pour cela que tu

es coupable, non seulement des crimes commis personnellement, mais aussi de ceux commis par les autres.

Il est vrai que tu n'es pas l'auteur de certaines atrocités dont le souvenir te remplit d'horreur ; cela tient uniquement à ce que l'occasion t'a manqué. Maintenant que tu es sincère avec toi-même, tu es bien obligé de reconnaître que tu es, par complicité, aussi coupable que ceux qui se rendirent responsables de ces atrocités. Il n'y avait alors qu'un seul moyen de n'être pas complice : c'était de cesser de mentir. La vérité peut et doit se dire en tout temps. Tu aurais dû la dire en qualifiant de crime atroce ce que toi et les autres appeliez un fait d'armes. Tu ne l'as pas fait, c'est pourquoi ta faute ne peut être diminuée.

Elle ne peut être diminuée pour cela, mais, pour autre chose, elle est aggravée. Elle est aggravée par ce fait que tu ordonnais le crime. Ce n'est pas toi qui tenais le fusil avec lequel on tua celui-ci ou celui-là, mais c'est toi qui donnas l'ordre de tirer. De sorte qu'au crime d'assassinat, tu joignais celui, plus hideux encore s'il est possible, d'entraîner les autres dans la voie d'iniquité. Ceux qui tiraient étaient des soldats. Tu étais leur chef. Dans une troupe de brigands, quel est le plus coupable, celui qui plonge les mains dans les poches des passants, ou le chef de la troupe qui instruit les jeunes voleurs et leur montre les bons coups à faire ?

Ces malheureux, tu pouvais les tromper à ton aise. Jeunes, ignorants et pauvres, ils n'avaient rien pour comprendre le mal que tu leur faisais. Bien plus, l'idolâtrie dans laquelle on les avait élevés, et dont ils ne pouvaient se débarrasser, leur apprenait à t'obéir parce que, leur disait-on, toute autorité vient de Dieu. Et tu t'amusais à les rendre criminels ! Pour satisfaire ton ambition cruelle, pour gagner dans le sang des galons et des croix, tu les excitais, par des louanges ou des menaces, à poursuivre l'œuvre sacrilège. Eux ne faisaient que t'obéir ; c'est pourquoi tu portes la peine de leurs crimes.

Mais, toi non plus, tu n'avais pas commis, dis-tu, toutes ces infamies de ta propre volonté. De même que tu commandais à un certain nombre de soldats, de même d'autres chefs, plus gradés que toi ou plus élevés dans la hiérarchie sociale, t'avaient commandé. Si la responsabilité des actes commis par tes soldats ignorants ne pouvait leur incomber, parce qu'ils n'avaient fait qu'obéir à tes ordres et qu'ils n'avaient pas pu désobéir, la responsabilité des horreurs que tu avais commandées ne pouvait t'incomber parce que, toi aussi, tu obéissais à des ordres supérieurs.

Ne vois-tu pas que tu tournes toujours dans le même cercle ? Les simples soldats, pris dans la masse des ouvriers, des pêcheurs, des paysans, sont des ignorants que les classes dirigeantes et le clergé trompent facilement. Tandis que toi, homme instruit ?..... Toutes les pitoyables défenses que tu opposes à la malédiction qui pèse sur toi se heurtent à la même réponse : tu pouvais, tu devais savoir.

Toi, tu n'étais accablé ni par l'ignorance, ni par la pauvreté, ni par le travail. Tu comptais parmi les riches, les savants, les oisifs. C'est le devoir de tout homme de chercher la Vérité et de vivre selon elle. Celui-là est sans excuse qui ne la cherche pas, surtout quand il est, par sa situation privilégiée, délivré des tracas de l'existence matérielle. Tu étais un de ces privilégiés ; tu devais chercher la Vérité ; tu l'aurais trouvée sans peine parce qu'elle est simple et claire. Sa connaissance t'aurait fait réfuter facilement tous les misérables arguments que tu avances piteusement pour ta défense, même celui qui te vient maintenant à l'esprit. Alors tu aurais essayé de vivre selon la Vérité ; si, dans la suite, tu avais péché, du moins tu n'aurais pas menti.

Tu dis que tu n'étais pas seul. Tu faisais partie d'une vaste agglomération, d'une nation. Tu appartenais à une patrie, à un gouvernement. Ton devoir de citoyen t'obligeait à obéir aux lois de ton pays. Tu devais concourir à l'œuvre commune, à la défense des intérêts nationaux. Quels que fussent les sentiments particuliers ou ton intérêt personnel, il était nécessaire, pour le bien de tous, que tu fisses litière de tes propres sentiments, même les plus élevés; de tes intérêts, même les plus chers. Tu n'étais pas une individualité isolée, mais seulement une faible unité dans une collectivité confuse. La patrie, la loi te dominaient de telle sorte que la responsabilité de tes actes personnels, s'ils étaient commandés par l'intérêt général, incombait à cette vague collectivité sans mandat. Tu n'étais pas un homme, tu étais un citoyen. Tu n'étais pas le maître de toi-même, tu étais le serviteur de la patrie, des lois, du gouvernement..... Le serviteur ?..... C'est l'esclave qu'il te faut dire.

Ainsi, tu te proclamais, avec une insolente fierté, homme libre. La nature, tu n'osais pas dire Dieu par crainte du ridicule, t'avait fait libre et tu usais de cette liberté. En quoi consistait donc cette liberté ? Elle consistait à obéir servilement à des lois faites par des hommes qui n'étaient pas plus libres que toi ; et, comme signe d'obéissance, à opprimer cruellement d'autres hommes qui n'étaient pas moins libres. Ta liberté consistait à perdre toute liberté ; à te soumettre comme un esclave à des inconnus ; à violer, pour leur plaire et malgré les ordres de ta conscience, toutes les lois supérieures de la vie.

Pourquoi? Au nom de quel principe suprême la

patrie, le gouvernement te pouvaient-ils ainsi commander? De quel droit disposait-on de ta vie et, par ton intermédiaire, de celle des autres? Ta vie et celle des autres appartenaient donc à ce gouvernement, puisqu'il en disposait avec tant de désinvolture? Si ta vie et celle des autres lui appartenaient, c'est que ce gouvernement vous l'avait donnée cette vie..... Réponds donc ! Est-ce la patrie, la loi, le gouvernement qui donnent la vie?..... Alors, de quel droit en disposer? De quel droit la reprendre, non seulement à toi ou à tes frères qui viviez bénévolement sous cette loi, mais encore à tes autres frères qui lui étaient complètement étrangers?.....

Non. Tu devais savoir, tu savais que le principe de vie n'était pas là. Tu savais aussi que ta vie n'était pas plus à toi qu'au gouvernement puisque, pas plus que lui, tu n'avais pu la provoquer toi-même. Tu savais déjà que la vie vient d'un principe supérieur. De quelque nom que tu l'appelasses : Principe, Dieu, Tout, Architecte, etc....., tu le reconnaissais chaque jour en toi par les manifestations de ta libre conscience. Puisqu'Il était là l'Auteur, Il était le Maître ; c'était à Lui seul qu'il fallait obéir, et Sa volonté était déjà connue de toi.

Avant d'être soldat ou citoyen, tu étais homme. Avant d'appartenir à un groupement passager d'intérêts ou de passions, tu appartenais de toute éternité à Dieu, dont la voix te parlait par ta conscience.

Avant d'obéir à une patrie, à une loi, à un gouvernement fugitifs, tu devais obéir à la Volonté suprême. Les patries, les lois, les gouvernements sont œuvres humaines et passagères; ils naissent, grandissent et disparaissent sans laisser de traces; mais Dieu est le maître éternel; c'est pourquoi sa volonté est la seule qui importe.

Tu pouvais feindre l'ignorance autrefois. A présent, tu ne le peux plus : l'évidence t'accable. Tu étais pris comme tous les autres dans les rouages de l'épouvantable machine qui brise les corps en même temps que les âmes, mais tu pouvais échapper à l'engrenage. Tu le pouvais par la connaissance de la Vérité; de sorte que la cause de tes crimes est le mensonge dans lequel tu vivais et l'ignorance que tu feignais. Ta faute première est donc plus encore dans ton ignorance volontaire que dans tes crimes. Pour échapper à l'obligation de commettre ces crimes, pour éviter la faute en même temps que le châtiment, tu n'avais qu'à suivre ton devoir simple et clair.

IV

Quel était donc ton devoir? Évidemment, tu ne devais pas faire toutes les choses honteuses que tu as faites et dont le souvenir t'accable, à présent. Cependant, tu les as faites et tu ne pouvais pas ne pas les faire. Tu étais pris dans l'engrenage ; tu fus entraîné au crime faute de savoir que c'était le crime.

Si tu avais compris nettement toute l'infamie de ta conduite future, tu aurais, tout au moins, balancé avant de t'engager dans la mauvaise voie. Si ta conscience, d'accord avec ta raison, t'avait indiqué quelle est la Loi, tu aurais fait effort pour suivre cette Loi, c'est-à-dire précisément pour ne pas faire ce que tu as fait. Il t'aurait suffi d'écouter ta conscience et ta raison sincères. La connaissance de la Vérité te mettait en garde contre la faute ; c'est pourquoi tu souffres à présent, bien moins d'avoir péché que de n'avoir pas voulu savoir.

Tu sais maintenant quelle a été ta faute et quel était ton devoir. Ton devoir consistait à chercher la Vérité pour connaître, d'après elle, la Loi. C'est le devoir de tout homme de la rechercher pour y conformer ses actes. C'est non seulement un devoir, c'est un besoin. Il n'est pas d'homme qui ne se préoccupe de cette question, qui forme le seul intérêt et le seul but de la vie individuelle.

Qui suis-je, que dois-je faire ? C'est là la question que tout homme a le devoir de se poser dès qu'il prend conscience de lui-même. La réponse à cette question, c'est toute la religion et la seule religion. Non pas les idolâtries stupides qu'on inculque aux enfants pour les mieux asservir dans leur âge mûr ;

non pas les mômeries, les pratiques extérieures, les dévotions et les pèlerinages ; mais la véritable religion intérieure qui convient à chaque homme, en même temps qu'à tous les hommes. Il n'est pas besoin d'aller au temple ou à la messe, de brûler des cierges ou des bâtonnets d'encens devant des statues grossièrement peinturlurées ; de se confesser ou d'embrasser la sandale d'un vieillard. Non seulement ces choses ne sont pas nécessaires, mais encore elles sont nuisibles parce que le souci de leur observance détourne les hommes de leur véritable devoir. Et le véritable devoir de l'homme consiste, encore une fois, à se poser d'abord la question : Qui suis-je? Que dois-je faire ? puis ensuite, à conformer ses actes, autant qu'il le peut, à la réponse donnée par sa conscience et sa raison.

Pour toi, plus particulièrement, la réponse était facile à trouver ; il t'aurait suffi de réfléchir avec sincérité aux actes que tu te préparais à commettre : au vol, au meurtre, à l'incendie. Mais, tu ne l'as pas fait.

Tu disais avoir cherché la Vérité, avoir lu les écrits des vivants et des morts et n'avoir reçu que de fausses réponses. Tu mens ; tu n'as rien cherché du tout. Au contraire, à plusieurs reprises, tu as effleuré la Vérité ; tu as été mis sur la voie, aussi bien par les autres que par toi-même ; tu as entrevu la bonne réponse ; chaque fois que tu t'es trouvé face à face avec elle, tu t'es détourné. Tu voulais bien, dans le secret, admettre la réponse à la question : que dois-je faire ? mais la vie de chaque jour qui en était la conséquence t'effrayait parce qu'il fallait rompre avec le vice. Par paresse et par lâcheté, tu préférais vivre de ton existence habituelle de corruption plutôt que de tenter le plus petit effort pour approcher de la vérité et de la vertu. Tu savais, mais tu feignais l'ignorance. Ta faute n'est plus dans le meurtre ; elle n'est plus dans ton ignorance, plus ou moins bien feinte : elle est dans ta mauvaise volonté. Tu as été un homme de mauvaise volonté ; c'est pourquoi la paix ne peut être avec toi.

Rien ne t'empêchait, surtout dans les circonstances où tu te trouvais, de découvrir la réponse à la question : que dois-je faire ? Il te suffisait d'un peu de bon sens et d'une grande sincérité. Alors, tu aurais connu la Loi.

L'homme recherche, par un impérieux besoin de tout son être, le bonheur individuel. Mais, puisque tous les hommes poursuivent le même but et que, d'autre part, ils sont tous égaux en droits comme en devoirs, il est bien évident que le bonheur des uns ne doit pas se faire au détriment du bonheur des autres ; car le but final n'est pas la réussite d'un seul, mais bien la réussite de tous dans leur recherche. Un bonheur égoïste n'est pas le vrai s'il attente à celui du voisin. Il est malsain parce qu'il

excite la haine et la jalousie des autres, en même
temps qu'il engendre la défiance chez celui qui le
possède. Il est sacrilège parce que, pour la satisfaction d'un seul, il diminue le patrimoine heureux de
l'humanité toute entière.

Toutes les fois que, dans sa course au bonheur,
l'homme attente à ce que son frère estime lui être
utile ou bon, il tombe dans le péché. Il n'y a donc
pas d'autre moyen d'éviter la faute que d'éviter
tout ce qui nuit au prochain, et voici la Loi :
Ne fais pas à autrui ce que tu voudrais pas qu'autrui
te fasse. Agis envers les autres comme tu voudrais
que les autres agissent envers toi.

Tu ne veux pas qu'on te frappe ; alors, ne frappe
pas. Tu ne veux pas qu'on te tue ; alors, ne tue pas.
Tu ne veux pas qu'on te vole ; alors, ne vole pas.
Non seulement cette loi donne le seul moyen d'éviter le péché, mais encore elle indique la seule marche à suivre pour parvenir au vrai bonheur, celui
qui s'édifie et s'appuie sur le bonheur commun et
qui ne peut troubler la conscience.

Si tu avais voulu chercher, tu aurais trouvé.
Retournant sur toutes ses faces la question : qui
suis-je ? que dois-je faire ? tu serais toujours arrivé
au même résultat si tu avais réfléchi dans la sincérité
de ton cœur et la droiture de ta raison. Ce résultat :
agis envers les autres comme tu voudrais qu'ils agissent envers toi, c'est toute la Loi et les prophètes.

Tu savais bien que tu n'étais pas venu seul sur la terre. Tu n'avais pas besoin d'expliquer par des raisonnements nébuleux ou des légendes enfantines quel avait été le commencement. Ta raison, comme ton cœur, te disait que, quelque fût ce commencement, cette source, il était la cause, et la cause volontaire, de ta vie terrestre. Quelqu'un t'avait envoyé pour faire quelque chose. Tu étais l'ouvrier de quelque œuvre. Ton devoir était donc de faire ce que l'On voulait que tu fasses. Or, c'était l'évidence même, l'œuvre à laquelle tu devais participer ne pouvait pas avoir pour but le malheur universel. Tu pouvais bien deviner qu'elle n'était pas une œuvre de haine et de méchanceté. Tout ton être te disait, au contraire, qu'elle était une œuvre d'amour et de bonté.

Si tu t'étais donné la peine de méditer, tu aurais de suite compris qu'en augmentant l'amour et la bonté, tu accomplissais la volonté de celui qui t'avait envoyé ; tandis qu'en augmentant la haine et la méchanceté, tu allais à l'encontre de ses projets inconnus. Dans le premier cas, tu suivais la Vérité ; dans le second, tu commettais le péché.

Il est bien certain que tu n'augmentais pas l'amour en tuant ton prochain, en le ruinant, en le volant et, en général, en lui faisant tout ce que tu n'aurais pas voulu qu'il te fît ; de sorte que tu revenais toujours à la Loi : agis envers les autres comme tu voudrais qu'ils agissent envers toi.

Si tu avais réfléchi à la phrase de morale courante qu'on te répétait tous les jours dans ton enfance, tu n'aurais pas trouvé d'autre loi. On te disait sans cesse : fais le Bien, évite le Mal. Quand tu interrogeais les autres sur le Bien et le Mal, tu n'obtenais que des réponses embarrassées ; on cherchait toujours à te prouver que les savants philosophes ne pouvaient se mettre d'accord sur une définition satisfaisante. Tu n'avais qu'à réfléchir et la réponse serait venue facilement.

L'homme n'a pas d'autre guide que sa raison. Il n'a pas d'autre étalon de mesure que lui-même ; il rapporte tout à sa propre personne. Le Bien, c'est ce que je juge être Bien pour moi ; le Mal, c'est ce que je juge être Mal pour moi. On me frappe, et je souffre ; je n'aime pas souffrir, donc frapper, c'est mal. Faire le bien aux autres, c'est leur faire ce qui serait Bien pour moi. Il serait bien pour moi qu'on me reprît doucement et sans acrimonie quand je me trompe ; donc, je fais bien, j'évite le mal quand je m'abstiens de me servir d'un sabre comme argument. Fais le bien, évite le mal, cela revient exactement à dire : agis envers les autres comme tu voudrais qu'ils agissent envers toi.

Cela t'aurait-il plu que des étrangers vinssent dans ta maison égorger ta femme, violer ta fille, dérober l'or et l'argent ? Aurais-tu été satisfait si l'on t'avait chassé de ta demeure afin de la brûler et de détruire toutes tes richesses ? Quelle satisfaction t'aurait causée la balle qui, lancée de loin par un inconnu, t'aurait brisé la jambe ? Aurais-tu été content d'être étripaillé par un obus ?..... Alors, c'était mal de faire toutes ces choses et tu aurais dû t'en abstenir.

En cherchant sincèrement, avec bonne foi, tu ne pouvais trouver d'autre réponse. Tu pouvais étudier tout ce que le cerveau humain a produit sur cette question, tu pouvais t'élever jusqu'aux plus hauts sommets ou rester simplement dans la banalité coutumière, tu n'aurais pas trouvé mieux, ni autre chose, si tu avais cherché d'un cœur sincère. Ceux qui ont essayé, à grand renfort d'inutile érudition et de nébuleux arguments, de bâtir des théories transcendantes se sont trompés en trompant les autres et, sans nul doute, ils le faisaient volontairement, car ils étaient trop instruits pour ignorer la vraie réponse. Seulement, elle les effrayait comme elle effraye tous les hommes vicieux et lâches.

Tu la trouves trop simple, comme beaucoup d'autres qui disaient : la vérité ne peut être là; c'est trop facile. Le mystère impénétrable de Dieu ne peut aboutir, quand on cherche à le sonder, à cette formule enfantine. Oui, cette règle est simple, claire et presque ingénue. C'est ce qui prouve justement qu'elle est vraie. Le caractère de la Vérité est la clarté, la simplicité, l'évidence. La vérité n'est pas faite exclusivement pour les savants, et les grimoires embrouillés ne sont pas nécessaires pour la comprendre. La Vérité est faite par tous les hommes, sans quoi elle ne serait plus la Vérité. Tous les hommes doivent pouvoir la trouver et la comprendre, et c'est pour cela qu'elle doit être simple, claire, presque enfantine. Les enfants eux-mêmes doivent pouvoir la comprendre et ils la comprennent en effet.

Toi-même, tu aurais trouvé, compris tout cela si tu l'avais bien voulu ; si, au lieu de te considérer comme un soldat, comme un citoyen, tu t'étais considéré dans la véritable situation d'homme, d'envoyé de Quelqu'un pour faire quelque chose. Alors tu aurais connu la Vérité et la Loi. On aurait peut-être essayé de te prouver qu'en certain cas la loi peut être transgressée, que l'on peut quelquefois faire aux autres ce qu'on ne voudrait pas qu'ils vous fassent. Les arguments donnés auraient été soutenus par les éphémères considérations du citoyen ou de la nation ; tu les aurais facilement réfutés par l'argument sans réplique qui s'appuie sur l'éternité. Ainsi, tu n'aurais pas succombé à la tentation ; du moins, si tu avais succombé, tu l'aurais fait, non par lâcheté, mais par faiblesse et tu n'aurais pas menti.

Maintenant, tu connais la Vérité que voici : l'homme est venu sur la terre, envoyé par quelqu'un, pour faire quelque chose. Pour être certain d'accomplir la Volonté suprême, il n'a qu'à faire œuvre d'amour et la loi se résume en ceci : agis envers les autres comme tu voudrais qu'ils agissent envers toi.

V

Oh ! Revenir sur la terre ! Revivre ! Recommencer cette existence gâchée stupidement et qu'il ne tenait qu'à moi de rendre belle, utile et bonne !..... N'y a-t-il pas quelque pouvoir qui puisse me rendre ce que j'ai perdu par ma faute ?..... Naître de nouveau, grandir, apprendre, servir la Vérité, être vraiment le frère de mes frères !..... Hélas !.....

Impossible !...... La vie n'est donnée qu'une fois ; une seule occasion s'est présentée pour accomplir l'œuvre sainte et tu l'as laissée passer sans la saisir. Jamais plus tu ne vivras et jamais tu n'effaceras la faute commise : la vie ne se recommence pas. Ce serait trop facile d'attendre la mort pour apprendre. Tu pouvais le faire de ton vivant, tu ne l'as pas fait. Tu avais tous les éléments : intelligence, instruction, loisirs, fortune et tu n'as su que jouir bestialement. Tu n'as voulu voir dans la vie que le grossier plaisir ou les hochets de la vanité. Maintenant, il est trop tard. Incendiaire, voleur, assassin, voilà les titres que tu as acquis et que tu garderas éternellement, car il ne te sera plus donné ni de les effacer, ni d'en mériter de plus nobles.

Si tu pouvais au moins revivre un instant ! C'est là ce que tu désires, n'est-ce pas ? Un seul instant pour panser les blessures que tu as faites ! Retourner pour une heure dans cette plaine désolée par l'incendie, au milieu de cette population décimée par les obus et par la faim. Eteindre les flammes, rappeler dans leurs foyers ceux que tu as chassés sans pitié ! Rendre l'or dérobé, guérir les blessés, nourrir les affamés, consoler ceux qui ont peur et couvrir ceux qui ont froid ! Arrêter le bras levé qui s'apprête à frapper ! Empêcher l'artilleur de décharger son canon et le fantassin de lancer la balle cruelle au milieu de la foule épouvantée ! Dénoncer les voleurs pour qu'ils rendent gorge ! Supplier les assassins de cesser leur épouvantable boucherie !

Cela rendra-t-il la vie à ceux que tu as tués ?..... Il est trop tard. C'est alors que tu aurais dû faire tout cela. Maintenant, c'est impossible : tu ne peux que souffrir.

Mais, une minute, une seule minute ?..... Le temps d'avertir les pauvres hommes égarés. Leur dire qu'on les trompe et qu'ils font mal. Leur annoncer la Vérité afin qu'ils vivent selon elle. Leur crier : revenez à vous s'il en est temps encore. N'écoutez pas les faux docteurs qui vous enseignent le mensonge et vous cachent la vérité pour vivre grassement à vos dépens. Eloignez-vous des églises pleines d'imposteurs, avec leurs cérémonies sacrilèges, leurs prières impies, leur odieux trafic des âmes. Fuyez les plaisirs malsains, parce qu'ils nécessitent la richesse et que la soif de l'or engendre la haine et la guerre affreuse. Ne soyez ni cruels, ni vicieux, ni débauchés. N'ajoutez pas foi aux discours de ceux qui veulent vous ceindre de l'épée parce que l'ennemi guette l'instant de se jeter sur vous pour vous dépouiller. Ne les croyez pas : ils vous trompent et les armes qu'ils vous offrent ont surtout pour but de maintenir le pouvoir qu'ils ont usurpé et qui vous opprime. Vous n'avez pas d'ennemis, ou, si vous en avez, c'est vous les coupables. Cessez de haïr vos ennemis et vous n'en aurez plus.

Aimer ses ennemis, c'est le seul moyen de ne pas en avoir. Il est de cela comme du reste. Ce ne sont pas les autres qui sont coupables, mais chacun de vous. N'accusez personne, de peur que l'accusation ne retombe sur vous. Surtout ne tuez pas, car la vie est la seule chose sur la terre qui ne puisse vous appartenir.

N'oubliez pas ! Rappelez-vous le seul commandement qui est d'agir envers les autres comme vous voudriez que les autres agissent envers vous. Agissez donc et, si vous n'en avez pas la force, du moins abstenez-vous de faire le mal en agissant envers les autres comme vous ne voudriez pas qu'on agisse envers vous. Et, si vous succombez à la tentation parce que vous êtes faibles et que les séductions vous entourent, alors évitez de mentir. Ne masquez pas votre péché par un mensonge qui en doublerait l'horreur.....

Impossible ! Tu pouvais savoir tout cela de ton vivant et le dire ; maintenant, il est trop tard. Il ne te reste plus que le remords cruel.....

Tu souffres à présent. Tu es dans le désespoir sans bornes. Tu voudrais bien qu'il y ait quelqu'un qui te pardonne, mais il n'y a que toi, et personne ne peut soulager la peine qui est infinie, comme ton crime. Ton pardon ne pourrait venir que par l'oubli et l'oubli lui-même ne viendra que lorsque s'effaceront les traces de tes crimes..... Jamais elles ne s'effaceront aux yeux des hommes.

Les traces matérielles des vols, des assassinats, des incendies disparaîtront petit à petit, car il n'est pas de catastrophe qui ne se répare. D'autres vies surgiront qui prendront la place de celles que tu as sacrifiées. Les cadavres putréfiés retourneront à la terre féconde et, transformés, nourriront des générations ignorantes de tes crimes. Un peu de travail réparera les pertes causées par tes vols et tes incendies. A la place des ruines amoncelées par toi-même et tes complices, d'autres demeures s'élèveront. La jeune cité naîtra des cendres de l'ancienne et les petits-fils de tes victimes y vivront dans le labeur. Ces nouveaux citoyens travailleront comme leurs ancêtres pour élever leurs enfants et les richesses s'amasseront encore, qui effaceront jusqu'au souvenir des jours de famine, des rues en flammes et de l'argent volé. Ainsi disparaîtront les traces matérielles de ta faute ; mais la trace morale subsistera toujours et ne s'effacera jamais.

Ce qui subsistera de ton œuvre, ce n'est pas l'incendie, ni le vol, ni le meurtre, c'est ton exemple et la haine provoquée par tes crimes. Par les richesses dérobées, tu as induit tes frères en jalousie et les meurtres les ont excités à la folie homicide. A leur tour, et pour imiter ton exemple, ils se jetteront les uns sur les autres pour brûler, pour voler, pour tuer. On verra de nouveau des milliers d'hommes quitter l'outil et la charrue pour se ruer sur des inconnus et les massacrer. On verra de nouveau, pour satisfaire la cupidité de quelques riches et l'ambition de quelques puissants, des peuples se vouer une haine mortelle. Pendant que les uns franchiront la mer, les autres, avec une hâte fébrile, traverseront tout l'énorme continent. Chacun d'eux n'aura de cesse qu'il n'ait terrassé l'adversaire, et quand le choc effroyable se produira, quand pendant des jours et des nuits, les morts s'entasseront devant les tranchées par dizaines de milliers, le monde entier se demandera pourquoi cette lutte épouvantable. Alors on saura que là, pas plus qu'ailleurs, il n'y avait de raison plausible pour justifier la boucherie ; on apprendra seulement que la cause est si vile et si basse que ceux qui la connaissent osent à peine la proclamer. Mais cela n'arrêtera pas la folie du meurtre ; pendant des mois et des mois, les deux ennemis lutteront avec acharnement pour la possession d'une terre dont le maître légitime ne prend pas part à la querelle et compte seulement les coups avec une sagesse narquoise.

Et cela n'aura pas de fin puisque toi-même, de ton vivant, n'as pas voulu mettre fin au scandale de ta vie. Cependant, tu pouvais le faire. Après toutes les horreurs que tu as commises, tu avais le moyen d'en pallier l'effet, c'était possible et même facile. Il aurait suffi de cesser de mentir. Tu serais resté un gredin, mais du moins un gredin sincère, et peut-être qu'alors le souvenir de tes turpitudes aurait disparu de ta conscience et de ta mémoire.

Ce moyen simple et facile consistait à ne plus mentir, à ne dire que la Vérité. Il fallait t'humilier devant les autres, faire l'aveu des fautes et des erreurs commises ; mettre en garde contre le retour de ces fautes tes frères moins instruits et mal avertis. Il fallait dénoncer aux hommes le mensonge dans lequel ils vivaient, afin qu'ils apprissent la Vérité.

Si tu y as songé, tu as toujours reculé l'échéance que tu croyais redoutable de l'aveu de ta faute, car tu craignais la honte et les moqueries des autres. Demain, demain, disais-tu ; comme si l'homme était maître du temps. En attendant, tu continuais à vivre dans le mensonge et l'ignominie ; tu persévérais dans la voie d'iniquité ; tu profitais toujours de la violence ; tu encourageais les autres à l'exercer ; mais tu te gardais bien de dire la vérité que tu soupçonnais déjà. Puis la mort t'a surpris avant que tu n'aies fait pénitence et, maintenant, tu souffres à jamais. Ta conscience t'avertissait, tu ne l'as pas écoutée ; la mort est venue et te voilà seul avec ton remords éternel.

Tu n'as pas eu pitié des autres, c'est pourquoi ta faute est sans rémission. D'autres pourront mériter le pardon ; mais, toi, tu n'as plus qu'à souffrir inutilement et pour jamais.....

Souffre donc, incendiaire, assassin, voleur ! Souffre donc, menteur ! Souffre donc, maudit !.....

ÉPILOGUE

Ainsi va l'âme du pêcheur. Plongée dans l'abîme insondable du remords et du désespoir, elle ne peut que souffrir. Personne ne lui vient en aide dans sa détresse méritée, car elle n'a conscience que d'elle-même et son existence n'est plus que souvenir. Elle ne peut plus avoir notion du temps, l'avenir est pour elle chose inconnue ; c'est pourquoi l'espérance elle-même est éteinte. Il n'y a pour elle ni consolation, ni remède, car personne ne peut l'écouter.....

Mais un jour viendra cependant où la miséricorde infinie s'étendra sur elle comme sur tous. Alors, elle oubliera.

Ce jour-là, ou peut-être plus tard, les hommes, après avoir compris leur devoir, s'avanceront sur la voie de Vérité et le règne de la Justice sera proche. Quand il s'établira, les temps seront révolus et la vie cessera sur la terre, du moins celle que les hommes connaissent actuellement.

Régénérée par la souffrance, l'âme du pécheur verra venir le pardon par l'oubli. En même temps que sa mémoire, s'effacera son remords, et, délivrée de l'angoisse, calmée, purifiée, elle remontera vers la source éternelle de toutes choses et s'évanouira dans la béatitude et la paix.

FIN

POST-FACE

POST-FACE

Les quelques pages que l'on vient de lire n'étaient
pas, dans ma pensée, destinées à la publicité. Je les
avais écrites pour moi seul ; mais, lorsque l'on est
entouré d'amis et de parents, il est bien difficile de
dissimuler un travail d'un peu longue haleine. Mon
petit livre terminé, je dus céder aux sollicitations
des miens et confier mon manuscrit qui, passant de
main en main, eut ainsi, avant la lettre, une dizaine
de lecteurs trop affectueux pour être sévères dans
leurs jugements.

Cependant, au milieu des éloges plus aimables
peut-être que sincères qui furent décernés aux
Massacreurs, se sont glissées des critiques nombreuses et je me suis vite aperçu de l'insuffisance
générale de mon ouvrage. Le refaire m'était impossible ; je n'eusse pas osé reprendre toute cette trame
romanesque, qui me semble à présent puérile, et je
ne me sentais pas assez instruit pour suivre la voie

des philosophes et combattre la guerre sans l'arti-
fice d'une affabulation commode.

J'ai donc laissé les choses suivre leur cours et le
livre s'est publié sans qu'il y ait été changé aucune
ligne et sans autre idée que de paraître au moment
où les horreurs de Mandchourie devraient faire
rentrer en eux-mêmes tous les hommes de bonne
foi. Je me suis seulement réservé, par cette post-
face, la faculté de compléter un peu les arguments
que sa conscience fournit à mon trépassé ou, plus
exactement, de répondre par avance aux objections
que mes lecteurs inconnus soulèveront peut-être
après les parents et les amis qui lurent le manuscrit.

*
* *

J'ai constaté, avec surprise, que la partie pure-
ment historique des *Massacreurs* n'avait soulevé
aucune incrédulité. Les vols, les viols, les assassinats de femmes et d'enfants sont considérés, à l'heure
actuelle, comme des actions naturelles pour les
guerriers au travail, et l'on ne s'étonne plus des
choses hideuses que les journaux nous racontent
comme étant le fait des armées en campagne, que
ce soit au Transwaal, en Chine ou en Mandchourie.
Non seulement on ne s'étonne pas, mais même on ne
s'émeut pas et personne ne songe, avec un peu de
pitié, aux malheureuses victimes innocentes.

La plupart des gens du monde s'estiment fort généreux lorsque, le dos à la cheminée et le verre de liqueur à la main, ils réprouvent l'emploi des machines de guerre trop perfectionnées, comme les ballons et les sous-marins. Le seul regret qu'ils expriment, en causant des récentes hécatombes navales, c'est que nous en soyions arrivés à broyer et couler en quelques secondes les vaisseaux les plus puissants avec leurs nombreux équipages.

Ceux qui disent cela me rappellent les Romains de Néron qui s'ennuyaient au spectacle de centaines de croix dressées simultanément et préféraient de beaucoup voir les gladiateurs s'entr'égorger successivement par groupes de deux. Au moins, l'attention n'était pas dispersée sur un champ trop vaste et, pour la même dépense de chair humaine, le plaisir durait plus longtemps.

Les dilettanti du fumoir ou du salon aimeraient mieux voir les batailles navales se prolonger, comme les combats terrestres, durant des jours et même des semaines. Certes, ce serait bien plus intéressant ; mais en quoi cela serait-il moins affreux ?..... Que sept cents hommes soient étripaillés, brûlés, asphyxiés, noyés en trente secondes ou en quatre heures, c'est la même chose et ce n'est pas plus répugnant de les tuer avec la torpille qu'avec le canon.

Ce qui est répugnant, ce n'est pas la façon plus

ou moins prompte et propre de tuer, c'est l'action même de tuer. Les canons japonais de Port-Arthur lançaient la mort à dix-neuf kilomètres tandis que ceux de Sépastopol comptaient leur portée seulement par centaines de mètres; mais le siège de Port-Arthur n'est pas pour cela plus affreux que celui de Sébastopol. La guerre en dentelles n'est pas plus jolie que la guerre en haillons. Il ne faut pas dire que telle ou telle façon de tuer est répréhensible, il faut dire qu'il est mal de tuer, en tous temps et toutes circonstances. Il ne faut pas dire que la guerre est une œuvre mauvaise parce qu'on y commet telles ou telles horreurs.; il faut dire que la guerre est une œuvre immorale parce qu'elle autorise les hommes à prendre les uns sur les autres le droit de vie et de mort.

Et précisément, ce droit est le seul que l'homme ne puisse posséder. Chaque homme peut, en toute justice, se servir comme bon lui semble de l'ouvrage qu'il a fait de ses propres mains; il peut même le détruire, quelque insensé que cela paraisse; mais il n'a pas le droit de disposer des choses qui ne lui appartiennent pas personnellement. Or, sa propre vie n'est pas à lui, puisqu'il n'a pu la créer lui-même, et, s'il n'est pas le maître de son existence, comment pourrait-il toucher à celle de ses semblables? Logiquement, les hommes seront maîtres de détruire la vie quand ils sauront la créer, et jusqu'ici leur science, dont ils sont si fiers, ne leur en a pas donné les moyens.

Et que l'on veuille bien ne pas jouer sur les mots, comme un de mes parents le fit devant moi ces jours derniers : se marier et faire des enfants, ce n'est pas créer la vie. On ne crée pas non plus la vie en soumettant un morceau de radium à je ne sais quelle cuisine de laboratoire. Il est bien certain que l'enfant, né des relations charnelles, vit, grandit, se développe et pense. Il est possible aussi que, si les expériences récentes sont sincères et peuvent se reproduire, quelque chose se développe et vive dans le tube, dans l'éprouvette où fut renfermé le morceau de radium. On en pourra conclure, après certains journalistes, qu'avec de la patience et du temps, des hommes naîtront de ces embryons venus du radium. Et après ?.....

Le maçon a construit dans ma chambre une belle cheminée ; j'y ai disposé selon les règles des bûches de bois et du papier ; puis, ayant frotté l'allumette, je me suis chauffé. Il est vrai que j'ai fait du feu ; mais, ai-je créé la chaleur ? Comme l'époux, comme le savant au radium, j'ai pétri la matière d'une certaine façon et, alors, des phénomènes patents de l'énergie se sont révélés. J'ai seulement provoqué l'éclosion de ces phénomènes, mais je n'ai pas créé l'énergie. Je ne suis qu'une cause seconde de la chaleur, mais la cause première est l'Energie Universelle, qui est en dehors de moi et qu'aucune science au monde n'a pu et ne pourra jamais me permettre de créer.

L'énergie — la force — est intimement liée à la matière ; elle coexiste avec elle et, si elle nous est cachée, nous disons, par un tour élégant et hardi, qu'elle est à l'état potentiel. Cet état peut cesser et nous pouvons, par les artifices de notre science et simplement par l'intermédiaire de nos sens, percevoir l'énergie dans ses effets sur la matière ; mais nous ne pouvons pas la concevoir dans son essence même, et c'est pourquoi nous ne pouvons pas la créer.

Il en est de même de la vie. La vie se manifeste lorsque la matière, en parcourant le cycle de ses innombrables transformations, revêt, sous l'influence de l'Energie Universelle, la forme propice. Je pourrai peut-être acquérir assez de talent pour construire de mes propres mains la forme matérielle nécessaire ; mais ce n'est pas en soufflant dessus, comme Prométhée, que je l'animerai.

Enfin, on m'a posé cette objection : à savoir que l'homme était maître de sa vie puisqu'il était capable de la supprimer par le suicide. Cette objection n'est que spécieuse et ne détruit pas, en tous cas, ce fait que nous ne savons pas créer la vie. La possibilité de détruire la vie ne serait complète et absolue que si nous pouvions la détruire de nous-mêmes, à l'heure qui nous conviendrait. Or, je veux

ne me suicider que lorsque j'atteindrai, par exemple,
l'âge de quatre cent cinquante ans. Est-ce possible ?
Et ne sais-je point que, bien avant ce temps, quelque chose viendra qui me détruira malgré moi ?

* *
*

Quelqu'un m'a dit : A quoi bon tout cela ? Certainement la guerre est une œuvre immorale ; mais
le démontrer n'incitera pas les hommes à s'en abstenir. Nous faisons bien des choses immorales que
nous pourrions éviter plus facilement, comme le jeu,
l'alcool, le tabac, les femmes..... et cependant.....
Des lois morales peuvent être bonnes pour quelques-
uns, pour l'élite ; mais la masse du peuple ne se
laisse conduire que par les bavardages des rhéteurs
ou la puissance des riches. Les hommes ont faim et,
surtout, ils ont peur, de sorte qu'en exploitant leurs
besoins et leurs terreurs les gouvernements en
feront toujours ce qu'ils voudront.

La morale, les « tu ne tueras point », les « tends
l'autre joue »....., etc....., c'est infiniment respectable, surtout quand on les lit découpés en ver-
sets dans les vieux Évangiles ; mais comment faire
entrer cela dans la vie pratique ? Vous-mêmes,
vous vous inclinez béatement devant le Sermon
sur la montagne et, cependant, non seulement vous
continuez à toucher soigneusement vos coupons

de rente, mais encore vous êtes en procès avec
votre voisin. La loi morale de l'Évangile ne s'ap-
pliquera jamais, malgré toute sa beauté, parce
qu'elle est trop difficile et, d'autre part, aucune loi
morale n'influencera les hommes parce que sa
vérité sera toujours incertaine. Notre vie est courte
et nos appétits sont grands. Non seulement ils sont
grands, mais encore ils sont légitimes, car nous
ne pouvons plus concevoir la vie comme un sacri-
fice perpétuel ; c'est une vieille conception qui a
fait son temps.

Ce n'est pas par la loi morale que vous réformerez
l'humanité, mais seulement par l'action sociale, et
cette action commence déjà, de nos jours, à se
manifester. C'est l'opinion publique qui pousse les
gouvernements à conclure des traités et des ententes.
Dans l'avenir, ce faisceau d'alliances formelles ou
tacites sera suffisamment resserré pour espacer les
guerres et, finalement, les abroger à tout jamais.

J'accepterais avec joie cette idée si l'on me montrait clairement que l'action gouvernementale, ou
sociale, comme disait mon interlocuteur, nous con-
duira sûrement au même résultat que la morale,
prétendue en faillite. Par malheur, rien n'est moins
vrai. Je sais bien, il y a les fêtes de Cowes, de
Portsmouth et de Londres. Je sais que les Français ont été acclamés en Angleterre par une
foule délirante ; mais où est la paix là-dedans ?

Sommes-nous certains que ces deux peuples ne se canonneront pas cordialement dans quelques années, malgré le chapeau à plumes du lord-maire et les danseuses de l'Alhambra ? Jamais les Français et les Russes ne furent plus amis qu'au temps des fêtes de Tilsitt, et les baisers sur la bouche qu'ils se donnèrent alors furent aussi nombreux que les coups de fusil qu'ils échangèrent, cinq ans plus tard, dans les plaines de Borodino.

Pourquoi chercher toujours à nous tromper nous-mêmes ? Certainement, les gerbes de fleurs qu'apportèrent les Français à la reine d'Angleterre, les saluts émouvants, les acclamations, les drapeaux, les discours, les toasts, les banquets et la légère ivresse qui les suivit, tout cela fut admirable ; mais pourquoi faut-il que les salles de danse ou de banquet soient sur les machines à tuer et que les héros des fêtes soient les tueurs à gages des deux nations ? En vérité, c'est à croire que les gouvernements s'ingénient à cultiver le paradoxe, en faisant célébrer les bienfaits de la paix par leurs guerriers. On comprendrait qu'une assemblée de laboureurs acclame la paix ; mais des amiraux ?..... Le malheur est que les ouvriers pacifiques et les paysans sont peu décoratifs et ne se soucient guère, d'ailleurs, de participer à ces clowneries. Certainement, le roi Edouard vint proclamer ses projets pacifiques ; mais il le fit le sabre au côté. Les chefs qui vidèrent force coupes de champagne acclamèrent la paix, mais ils parlaient sous la volée de leurs canons. Th. Roosevelt lui-même, qui conjure pathétiquement les Russes et les Japonais de faire la paix, visite avec soin les usines où l'on fabrique des armes, et il encourage les ouvriers de Bethléem à construire de bons canons, tout en proclamant qu'il fera tous ses efforts pour qu'ils ne servent à rien.

Comment croire à la sincérité des gouvernements quand on les voit pressurer les peuples pour augmenter le nombre de leurs cuirassés? Edouard est pacifique autant que l'était sa vieille mère; Nicolas Romanof a fait don à l'humanité ravie de la conférence de La Haye; le pacifique Roosevelt suit les errements du pacifique Mac-Kinley..... et nous avons eu les camps de reconcentration du Transwaal, l'écrabouillement de Cavite et les boucheries de Moukden et de Port-Arthur! Tous ces rois, tous ces empereurs, tous ces amiraux, qui parlent de paix le verre à la main, sont semblables aux joueurs de dés pipés et aux grecs qui proclament les bienfaits de l'honnêteté et qui ne vivent que de la tricherie au jeu.

Cependant, on ne peut ainsi désarmer ! *Si vis pacem, para bellum*, clament à tue-tête les trublions de tous les pays.

Quand donc cessera-t-on de nous tromper avec ce proverbe aussi ridicule et mensonger qu'il est ancien ? Il a suffi que ces mots soient écrits en latin et qu'ils procèdent de la fameuse sagesse romaine pour que nous les acceptions sans contrôle. Si nous voulions seulement réfléchir un instant et faire un usage sensé de notre raison, nous nous réveillerions de l'hypnotisme créé par ces cinq mots et nous verrions immédiatement leur dangereuse sottise.

Si l'on prépare la guerre, on prépare la victoire et la conquête, mais pas du tout la paix. Si je m'arme jusqu'aux dents et si j'incite, par cette action, mes voisins à s'armer de même, je puis croire que je serai de taille à lutter avec eux. Plus je serai fort, plus j'aurai de chances de les vaincre dans la bataille, c'est tout ce que je puis espérer. Dire que je me garderai en paix parce que j'ai des revolvers à la ceinture, c'est dire une absurdité parce qu'il arrive fatalement que mes voisins raisonnent de même, s'arment, se croient aussi bien ou mieux préparés que moi à la guerre et n'ont pas plus peur de moi que je n'ai peur d'eux. De sorte qu'en préparant la guerre, les peuples ne s'assurent pas la paix. Au contraire, par leurs armements démesurés, ils s'excitent les uns les autres à la défiance, à la haine et, sous le plus petit prétexte, la guerre éclate. A qui fera-t-on croire, en effet, que les forts des Vosges ou les batteries de Gibraltar sont des travaux pacifiques ? Comment comprendre que les canons fabriqués par Krupp et les autres sont des instruments de paix? Que n'appelle-t-on, alors, les cuirassés et les torpilleurs des navires de paix ! Est-ce dans un but pacifique que la France, l'Allemagne, l'Angleterre et l'Amérique surenchérissent à l'envi sur le nombre de leurs bataillons et de leurs machines à tuer?

Croit-on vraiment que, dans cette assemblée de peuples armés jusqu'aux dents, tous les conflits pourront se résoudre par le ridicule tribunal de La Haye? Ils sont pareils à ces voleurs qui viennent au partage du butin avec des couteaux dissimulés dans leurs manches. Les voleurs auront beau déclarer avec emphase que tout va se régler honnêtement et que le chef départagera les avis contradictoires, la réunion ne finira pas sans bagarre.

Certes, il est bien probable que les conflits entre l'Angleterre et la Suisse, ou bien entre les Etats-Unis d'Amérique et la république de Saint-Marin, se résoudront par l'arbitrage ; mais si, dans cinquante ans, les Allemands veulent étendre leur domaine colonial et s'emparer, par exemple, de l'Algérie ou de l'empire des Indes, croit-on sérieusement qu'ils demanderont l'avis du président chilien ou bolivien? Lorsque les disciples de Paul Déroulède, s'ils arrivent à reprendre les rênes du gouvernement français, réclameront la « revanche » et la rétrocession des provinces vosgiennes, est-ce la république de l'Equateur, le pape ou la reine de Hollande qui empêcheront de tirer les épées hors des fourreaux?

Il est grand temps que la voix des hommes de bonne foi couvre celle des trublions et qu'elle dénonce la fausseté du vieux proverbe : *Si vis pacem, para bellum*. Il est grand temps que l'on dise aux peuples : Si vous voulez la paix, soyez vraiment pacifiques et ne préparez pas la guerre. Cessez de vous regarder les uns les autres comme des dogues hargneux qui se disputent une côtelette volée ; sinon, la guerre éclatera. Entre celui-ci et celui-là, ou entre tel et tel autre, demain, dans cinq ans, dans vingt ans, on ne peut le dire ; mais elle éclatera sûrement, fatalement, aussi fatalement que coulera le navire qui sort du port avec une voie d'eau. Et votre voie d'eau, ce sont vos propres armements et non ceux du voisin.

Si l'on veut la paix, il faut la vouloir réellement, il faut être sincèrement pacifique. Il faut cesser de s'exciter et d'exciter ses compatriotes à la haine et au mépris de l'étranger. Il faut cesser d'entretenir, chez soi-même et chez les autres, cette ridicule bouffissure du patriotisme qui consiste à tout exalter de son propre pays en ridiculisant méchamment tout ce qui est de l'extérieur. Il faut cesser de considérer nos gouvernements comme des organisations utiles pour notre défense ; au contraire, il faut les voir ce qu'ils sont réellement : des machines bonnes seulement à nous faire du mal et qui nous entraînent à chaque instant à pécher contre la sagesse et l'honnêteté. Il faut obliger nos gouvernants à cesser leurs dangereuses manœuvres qui, seules, compromettent la paix du monde. Il faut cesser de considérer les autres peuples comme des étrangers hostiles ; au contraire, il faut les traiter comme des frères que de vieilles coutumes et des lois surannées séparent de nous, pour peu de temps encore. Pour tout dire, il faut cesser de croire à la vérité du proverbe : *Si vis pacem, para bellum*, et, pour n'avoir pas d'ennemis, il faut commencer par ne pas s'en créer soi-même en haïssant les autres.

Or, cette première et nécessaire étape de la vie internationale, nous la franchissons en ce moment. Les peuples commencent à devenir réellement pacifiques parce qu'ils commencent à mieux se connaître et s'estimer les uns les autres. Je parle du peuple et non du gouvernement ou de cette caste d'agités qui vit dans la fainéantise et n'a d'autre intérêt que de troubler les eaux. Il n'y a plus, dans nul pays, d'homme du peuple, c'est-à-dire d'ouvrier, d'artisan, de tâcheron, de laboureur qui soit encore animé de sentiments belliqueux. Il ne faut pas écouter les journalistes, ni s'arrêter aux discours des politiciens. Tous nous représentent à plaisir, dans leurs feuilles ou leurs discours, un peuple imaginaire, grisé de l'amour de la patrie, enflammé du désir de combattre pour le triomphe de leurs idées, la délivrance des peuples opprimés ou la sauvegarde de l'honneur national. Ces rhéteurs et ces écrivains ont intérêt à mentir de la sorte, puisqu'ils vivent de ce mensonge.

Mais, prenez à part un homme du peuple, ouvrier ou paysan. Posez-lui cette question : Tu es Français, par exemple ; et bien, tes frères alsaciens-lorrains sont sous le joug allemand depuis trente-cinq ans. Veux-tu la guerre pour les délivrer ? Ou bien : Tu es Russe et les grands-ducs ont besoin des forêts de Corée pour augmenter leurs richesses : veux-tu la guerre ? Sakhaline et Port-Arthur sont entre les mains des Japonais ; ces Nippons nous imposent un traité qui froisse notre honneur national ; veux-tu la guerre ? Ou bien encore : Ce torpilleur allemand qui traversa la rade de Cowes pendant que nous recevions nos amis français a gravement froissé notre respectable roi et nous sommes insultés ; veux-tu la guerre ? Alors l'homme répondra : Je ne connais pas ces gens-là. Qu'ils vivent tranquilles dans leur pays et me laissent tranquille chez moi. Le joug allemand ne me pèse pas ; les tripotages des grands-ducs et l'honneur du gouvernement des Romanof me sont indifférents ; je n'ai pas ressenti l'injure prétendue de Cowes et je ne veux pas la guerre.

Peut-être l'homme, par peur du qu'en dira-t-on et parce qu'il fait partie d'un syndicat jaune ou rouge, répondra : Oui, je veux la guerre. Mort aux Allemands ! A bas les Japonais ! A Tokio ! A Tokio ! Alors,

arrêtez-le et dites-lui encore : Fais bien attention. Il
ne s'agit pas de brailler comme les Parisiens de 1870
pour le croire victorieux. Il faut faire la guerre toi-
même, payer de ta personne et de celle de tes
proches.

En vérité, répondra-t-il. Dois-je déjà, aujourd'hui
même, quitter ma maison et ma femme ? Mes enfants
vont-ils aussi partir ? Et la moisson ? La laisserai-je
se flétrir sur la terre sans la rentrer ?

Il faut partir, toi et les tiens, aujourd'hui même.
Tu iras te mêler à la foule déjà réunie de tes compatriotes et, tous ensemble, vous irez combattre dans
les plaines lorraines ou sous les remparts de Moukden. Et les morts qui s'entasseront, tu en seras peut-
être, seront aussi nombreux que ces Alsaciens-Lorrains que la guerre va ruiner encore une fois sans
que tu sois certain de les rendre à la patrie française.

Je ne veux pas partir, dira l'homme. Qu'on me
laisse à ma femme, à mon travail. J'ai autre chose à
faire que de tirer des coups de fusil ; le pain que je
fabrique est plus utile que les obus.

Ou bien, soumis encore à l'hypnotisme du faux
patriotisme, il répondra : Tant pis ; partons ! Je souffre de tout abandonner ; mais l'honneur commande.
Si je meurs, du moins, je mourrai glorieusement.

Non, non ! Il n'y aura pour toi ni honneur, ni
gloire. La gloire et l'honneur se mesurent avec les
rubans et les galons. Toi, tu gagneras, tout au plus,

un œil de verre ou une jambe de bois. Si tu meurs, ce sera dans une mêlée confuse, avec cinquante mille autres soldats inconnus ; et ton corps, déchiqueté par les mines souterraines, ne sera même pas retrouvé. On mettra peut-être un de tes bras pêle-mêle avec d'autres membres dans une fosse remplie de chaux, et ton nom ne sera pas inscrit sur le monument funéraire. Tu n'auras pas seulement cette gloire, car on ne saura pas le nombre d'hommes que ces débris enterrés peuvent représenter.

Alors, si l'homme est sincère, après vous avoir regardé, il s'éloignera sans mot dire parce qu'il aura honte de persister encore dans son mensonge soi-disant patriotique.

* *
* *

C'est entendu, m'a dit un de mes amis, les peuples sont pacifiques. Je le crois comme vous. Je crois également que le véritable patriotisme ne consiste pas à brailler : à Berlin, à Berlin ! Cependant, ces hommes pacifiques qui, dans chaque pays, forment l'immense majorité de la nation, continuent à s'enrôler avec docilité. Dès que l'ordre arrive de la capitale, ils vont sans hésiter aux boucheries proches ou lointaines. Que ce soit pour Manille, Moukden ou Tananarive, les gouvernements trouvent et trouveront toujours assez de soldats. Alors, que faut-il faire pour supprimer la guerre, puisque vous ne croyez ni aux déclarations des rois et des empereurs, ni à l'efficacité de l'arbitrage?

Ce qu'il faut faire? Il faut apprendre d'abord au peuple qu'il est la majorité. Il ne le sait pas parce qu'il travaille et fait peu de bruit. Au contraire, les oisifs, les puissants et les riches, qui vivent du labeur des petits, remplissent le monde des éclats de leurs voix. On ne voit qu'eux, on n'entend qu'eux. Les colonnes des journaux sont trop petites pour contenir le récit de leurs prouesses ou de leurs turpitudes. De sorte que le peuple finit par se persuader qu'il n'y a d'important sur la terre que les tripotages des grands commerçants, les discours des amateurs de grèves ou les rodomontades du Tartarin berlinois.

Il faut apprendre au peuple que lui seul est important puisqu'il est le nombre. Il faut qu'il sache qu'il est la force et le droit parce qu'il est la majorité, et surtout parce qu'il est le travail. Le peuple doit commencer à comprendre que ses gouvernants, qu'ils soient élus ou qu'ils détiennent le pouvoir par droit de naissance, ne sont pas ses maîtres, mais ses domestiques. Le maître, ce n'est pas celui qui crie le plus fort; c'est celui qui travaille le plus, et ceux qui se mêlent de nous gouverner sont tous, ou presque tous, inférieurs à tous égards à ceux qu'ils prétendent régenter.

Il faut que le peuple sache qu'il est le maître, quelque soit le titre dont il décore son chef nominal, président, empereur ou roi. Et, sachant qu'il est le maître, le peuple doit savoir imposer sa volonté à ceux qui se sont chargés de la besogne gouvernementale ; il doit réprimer leurs écarts de langage comme leurs fantaisies meurtrières. Il est le maître souverain et doit faire usage de ses droits ; or, sa souveraineté consiste principalement à ne pas faire, par une incompréhensible et paradoxale obéissance, ce qui lui déplaît.

Les peuples sont pacifiques et ne se font point la guerre. Ce sont les gouvernements qui se font la guerre à l'aide des peuples, par vanité, par intérêt ou par sottise. Or, les peuples sont souverains. C'est pourquoi le droit et le devoir des peuples est de refuser d'aller à la guerre quand les gouvernements le leur ordonnent.

Ici, mon ami s'arrêta pour dire :

Cette fois, vous avez dit le mot sans barguigner. Ce que vous prêchez implicitement dans *Les Massacreurs*, vous me le prêchez nettement à moi. C'est bien à cela que vous aboutissez : au refus du service militaire. Savez-vous que ce sont là les théories d'Hervé ? Prenez garde, vous scandaliserez beaucoup de gens et n'aurez guère de succès. Voyez le tolle soulevé par l'Histoire de France de ce professeur : le ministre, aux applaudissements de la foule, vient d'interdire son livre aux écoliers.

Alors, j'ai répliqué :

Oui, c'est bien là ma conclusion ; elle est nette et ne souffre aucune restriction. Mais il ne s'agit pas du tout des idées de M. Hervé. Je n'ai pas lu le livre incriminé ; je ne le connais que par les extraits des journaux. Si je l'ai bien compris, ce professeur propose, comme remède à la guerre étrangère, la guerre civile, puisqu'il encourage le peuple à se révolter et à prendre les armes contre les gouvernants qui l'obligeraient à combattre les étrangers.

Qu'on me permette de le dire, une telle théorie est le comble de l'absurde. Ce qui est mauvais, ce n'est pas la guerre contre les Allemands, les Japonais ou les Herreros, c'est n'importe quelle guerre, c'est toutes les guerres et, en général, toutes les violences. Je ne prêche pas, pour employer votre mot, l'abolition de la guerre parce que j'aime particulièrement les Anglais ou les Chinois, mais parce que je considère toute œuvre de violence comme immorale, odieuse et malsaine. Par conséquent, si je juge odieux de combattre l'étranger, je juge tout aussi mauvais, sinon plus encore, de combattre ses propres compatriotes. Offrir comme remède à la guerre étrangère la guerre civile, c'est se couper le bras droit dans la crainte que quelqu'un autre ne vous coupe le gauche.

De plus, je ne vois pas la nécessité de heurter de front les sentiments naturels des hommes. Point n'est nécessaire, pour les accoutumer à ses propres idées, de vomir l'injure et de semer la haine ; bien au contraire. Je comprends parfaitement qu'il ne soit pas indifférent à un Français d'être Allemand ou Français et je réprouve ce langage aux termes duquel il serait bon de jeter le drapeau tricolore sur le fumier..... ou plutôt, j'aimerais bien voir le drapeau sur le fumier ; mais ce ne serait pas pour avilir symboliquement les trois couleurs. Ce serait, au contraire, pour anoblir le fumier et répandre, par cette sorte d'image, l'idée, trop souvent oubliée, que la terre nourricière, rendue féconde par le fumier, est la chose qui importe le plus au peuple..... bien plus que les discours des démagogues en redingote ou que les mille inutilités que fabriquent toutes les usines.

Admettons, m'a répondu mon ami. Vous prenez des gants pour dire la chose, mais vous la dites quand même. La révolte ne sera pas armée ; elle sera passive. Cela vaut mieux, en effet, ou plutôt, c'est moins mal. Cependant, le fait subsiste toujours : à savoir que vous encouragez nettement le refus du service militaire. Vous l'avez dit tout à l'heure : il faut que le peuple refuse d'aller à la guerre.

Oui, je l'ai dit, et si vous avez encore un peu de patience, écoutez-moi jusqu'au bout. Ce serait bien, assurément, si, le jour où les Guillaume et Compagnie voulaient lancer les peuples les uns contre les autres, ce serait bien que tous les citoyens refusent unanimement de prendre les armes et que, par exemple, les Français en même temps que les Allemands s'abstiennent de franchir la frontière.

Permettez. Croyez-vous vraiment que si les Français refusaient de partir en guerre, les Allemands feraient de même?

Oui, je le crois. Aucune puissance au monde, aucune suggestion ne pourrait entraîner les Allemands à faire la guerre à des gens qui déclareraient ne vouloir, à aucun prix, leur opposer de la résistance. Et je vais plus loin : je suis persuadé, je crois qu'aucun potentat n'oserait donner l'ordre d'attaquer un peuple qui ne veut pas se défendre. Une telle réprobation s'élèverait contre lui qu'il ne pourrait que redevenir pacifique. Et puis, si vous voulez le fond de ma pensée, supposez qu'une telle horreur arrive. Supposez que les quarante millions de Français, sous la menace d'une guerre, brisent leurs armes et tiennent la porte grande ouverte à l'ennemi. Où irait-il cet ennemi? Que ferait-il? S'amuserait-il à fusiller les quatre-vingt mille habitants inoffensifs de Nancy pour se donner l'illusion d'une bataille? Et quelle raison peut être suffisante pour justifier les hécatombes, plus grandes encore, auxquelles nous habituent les guerres modernes?

Où en étais-je quand vous m'avez interrompu?.....
Je disais que ce serait bien si, le jour d'une décla-

ration de guerre, l'unanimité du peuple refusait avec douceur et fermeté de prendre les armes. Ce serait bien.....; mais c'est impossible. Ce n'est pas cela que je prêche, quoique ce soit à cela qu'on aboutirait fatalement. Il n'est pas possible d'admettre que demain ou dans dix ans tout le peuple sera unanime sur ce point, parce qu'on ne peut créer si rapidement une opinion publique ferme. Le seul moyen rapide de la créer est chimérique : c'est l'action gouvernementale ou encore le désarmement ordonné par des lois nationales ou des traités.

Voici seulement ce que je voudrais. Je voudrais que chaque homme, en particulier et dans son for intérieur, prît la peine de réfléchir et de comprendre que, dans la vie individuelle comme dans la vie sociale, la question la plus torturante, celle qui exige au plus vite une solution, c'est celle du meurtre, ou, si vous voulez, celle de la guerre. Ce n'est pas grand' chose, il vous semble ; en effet, ce n'est que le premier pas. Les hommes sont endormis et je voudrais qu'ils se réveillent. C'est pour cela que j'ai écrit mon petit livre et qu'on va le publier ; malheureusement, je crains fort d'avoir été au-dessous de ma tâche et je convaincrai peu de gens.

Je voudrais donc que chaque homme s'intéresse à cette question et qu'il prenne la résolution de trouver lui-même la solution. Je voudrais que l'on recherche la réponse sans autre secours que son

intelligence et sa raison. Je voudrais surtout qu'on
rejette avec mépris les opinions toutes faites, les
phrases à panaches et les arguments mensongers
des savants et des riches qui sont trop intéressés
pour ne pas donner une réponse conforme à leur
égoïsme. Chaque homme se posera seulement cette
question : est-ce que moi, être isolé, je fais bien ou
mal de coopérer à la guerre. Autrement dit, la
guerre est-elle chose morale? Vous voyez, je limite
bien la question ; je la pose, pour ainsi dire, d'une
façon théorique.

Après tout ce qui a été dit, et d'une façon magistrale, par des hommes beaucoup plus éminents que
moi, je pense que la réponse ne sera pas douteuse
et que chacun se dira : oui, la guerre est immorale
et je fais mal d'y participer.

Puis-je vous répondre, m'a interrompu mon ami,
que la question est légèrement oiseuse pour le plus
grand nombre. Elle n'intéresse qu'une faible minorité : celle qui fait réellement la guerre, c'est-à-dire,
par exemple, le demi-million de soldats de Linie-
vitch. Or, ils sont quatre-vingts millions de Russes.

Pardon, ai-je répliqué, la question intéresse tous
les hommes, parce que tous participent à la guerre.
Tous les Français et tous les Allemands ne sont-ils
pas soldats? Il ne faut pas attendre pour se poser la
question d'être sur le champ de bataille ; il faut se
la poser le plus tôt possible, dès qu'on est en âge

de raisonner. Le soldat du temps de guerre tue; mais celui du temps de paix se prépare à tuer et cela est mal aussi, je pense. Même après que votre âge vous a éloigné des armes pour toujours, ne continuez-vous pas à participer à la guerre ou à sa préparation en payant les impôts qui permettent aux gouvernements d'acheter des soldats et des armes?

La question intéresse tout le monde; c'est pourquoi tout le monde doit chercher à la résoudre et, certainement, pour l'homme de bonne foi, la réponse claire est celle-ci : On ne doit pas, ou plutôt, je ne dois pas faire la guerre, ni directement, ni indirectement. Voilà la première étape. C'est, je crois, la plus longue, mais aussi la plus facile.

L'étape suivante est la plus difficile, et pourtant c'est elle qui fera entrer dans le domaine des choses pratiques le verset du vieil Évangile qui vous a fait sourire tout à l'heure. Quand chaque homme sera persuadé de la vérité qu'il aura découverte, il lui faudra faire un immense effort sur lui-même; il lui faudra cesser de mentir et commencer à proclamer tout haut ce qu'il pense tout bas. Cela, c'est très difficile. Nous sommes tellement environnés de mensonges que la vérité elle-même prend, en s'exprimant par nos paroles, des allures tortueuses. A peine avons-nous commencé de la dire que nous nous arrêtons à la moindre objection. Nous manquons de conviction et nous accordons trop de créance aux opinions intéressées des savants et des puissants. Pourtant, nos maîtres d'hier et d'aujourd'hui nous ont répété à satiété que la raison est le seul guide de l'homme. Croyons donc en notre raison et ne craignons pas de dire ce qu'elle nous suggère et nous démontre : à savoir qu'il ne faut pas faire la guerre. Il faut le dire et le prouver, parce que cette propagande, par la parole et par le livre, est le seul moyen de développer parmi les hommes la force nécessaire pour détruire le mal.

Mais alors, vous croyez qu'il suffira à la majorité des hommes de penser et de dire que la guerre est mauvaise pour qu'elle disparaisse?

Oui, je le crois. Certes, il faudra plus d'une année et, peut-être, plusieurs siècles, mais il n'y a pas d'autre moyen. Quand un petit groupe d'hommes affirmera, en dépit de toute considération, que la guerre est immorale et malsaine, il entraînera d'autres hommes, d'abord hésitants, puis une minorité d'adversaires du mal se formera, qui grossira petit à petit et de plus en plus vite jusqu'à ce que la masse arrive à se convertir. C'est seulement une lutte morale à entreprendre. La tâche est longue ; mais il n'y a pas d'autre façon de trouver l'issue de la situation inextricable où se débattent toutes nos vieilles nations, et les jeunes à leur suite.

C'est une lutte morale, je le répète. Elle n'a rien à voir avec les agitations de nos modernes démagogues, ni avec les congrès à banquets des sociétés soi-disant pacifistes. C'est une lutte pacifique, non seulement par son but, mais aussi dans ses moyens d'action, ses principes, son essence même. On ne violentera personne, pas même en paroles. Il ne faudra que chercher à persuader. Comme vous dites, il faudra prêcher.

Mon ami s'est mis à sourire malicieusement.

Prêcher d'exemple, n'est-ce pas ?

Aussi, bien entendu. Mais c'est là le plus difficile, au moins dans les commencements. Cependant, un certain nombre d'hommes le fait déjà : en Russie, en Allemagne, en Hollande et même en France. Seulement, on nous cache ces cas intéressants ou bien nous feignons de les ignorer. Ceux qui prêchent d'exemple, c'est-à-dire qui refusent le service militaire en basant leur refus sur leurs convictions morales sont les meilleurs des champions d'une juste cause. Ils donnent au mouvement pacifique une accélération prodigieuse, malgré les efforts des gouvernements pour nous dissimuler ce qui les effraye justement le plus. Par la parole, le livre et l'exemple, le nombre de ces hommes augmentera de jour en jour. La poussée constante de ce pacifisme moral, si je puis ainsi dire, communiquera à l'opinion publique un mouvement uniformément accéléré, pour employer le langage des physiciens. Enfin, l'heure viendra où tout le peuple dira : nous ne voulons plus faire la guerre ; nous ne voulons plus aucune guerre, ni étrangère, ni civile, ni sociale. Alors, la vieille prophétie s'accomplira et les glaives se changeront en faucilles.

Mon ami, toujours souriant, m'a regardé.

C'est un beau rêve, m'a-t-il dit.

Non ! C'est une belle réalité. Tout le reste, au contraire, n'est que rêve. Je sais ce que vous allez me dire : les gouvernements ? Les gouvernements sont tous hostiles à la paix puisque, seule, la guerre justifie leur existence et les armées dont ils nous dotent, à notre grand dommage.

Oh ! Voyons ! Les gouvernements n'ont pas besoin de la guerre.

Si, ils en ont besoin pour justifier leurs armées. C'est en agitant le spectre de la guerre qu'ils nous incitent à nous enrôler et à payer les impôts militaires ; et là où il y a l'armée, il y a la guerre. C'est un cercle vicieux qu'ils ont construit, pour ainsi dire, et c'est lui qu'il nous faut détruire. Les gouvernements ont besoin de la guerre pour avoir leurs armées, et le peuple s'imagine que l'armée est faite pour la guerre. Or, ce n'est pas vrai ; l'armée est faite pour tenir le peuple dans l'obéissance. Ceux qui nous gouvernent, dans n'importe quel pays, ont pris le pouvoir de force, et comment le garder, sinon par la force ?

Aussi, quand le peuple est désobéissant, quand il

demande une chose que les puissants ne veulent pas lui donner, vite, la troupe, l'infanterie avec ses feux de salve, les cosaques avec leurs sabres et leurs nagaïkas ! Et ce n'est pas seulement dans l'arriérée Russie que ces choses se passent ; voyez en Allemagne, en Italie, même en France, à Fourmies, à Limoges, ailleurs peut-être ; car on nous cache soigneusement ces choses odieuses.

Pourtant, il faut bien maintenir l'ordre. N'a-t-on pas vu partout les grévistes se livrer à des excès, jeter des pierres ?

L'ordre ? Ce sont les soldats qui le troublent. Mais oui ! Vous ne lisez donc pas les journaux ? Croyez-vous que la foule de Pétersbourg aurait commis de graves excès si on ne l'avait pas combattue ? N'avez-vous pas remarqué qu'en France, où le gouvernement est le plus doux et le peuple le plus tranquille, les choses commencent toujours à se gâter quand la troupe arrive ? C'est un fait que, dans les contrées dépourvues de garnison, le commencement des grèves est toujours calme et pacifique.

Quand la maréchaussée arrive, on crie ; quand les soldats montrent leurs baïonnettes, on jette des pierres. D'ailleurs, c'est fatal et je vous l'ai déjà dit : partout où il y a des armes, partout il y a bataille. Et puis, quoi ? Les moujicks auraient brûlé le palais d'Hiver ; cela valait-il quatre mille tués et je ne sais combien de blessés ?

Non, non ; ce n'est pas moi qui fais du paradoxe. Ce sont les gouvernements qui en font et, malheureusement, ils en font en action.

Quant aux propagandes des sociétés, des groupes parlementaires, n'y croyez pas. Ces pacifistes, ces admirateurs de l'arbitrage ou des ententes cordiales, je les estime profondément ; mais ils se trompent, et, de nos jours, l'histoire leur donne de cruels démentis. Ils se trompent parce qu'ils prêchent la paix dans l'intérêt matériel et social des peuples. Or, il y aura toujours des gens malavisés, comme les Russes, qui s'imagineront avoir intérêt à faire la guerre. La sage et prudente Angleterre elle-même n'a-t-elle pas cru, en 1898, qu'elle aurait intérêt à faire la guerre si les Français n'évacuaient pas Fachoda ? De sorte que cette propagande de l'intérêt n'aboutira pas. Qu'un fou prenne les rênes au quai d'Orsay et conduise les Français à Fez ou en Birmanie, il n'y aura pas d'entente cordiale, ni d'arbitrage qui tiennent ; on renouvellera Tsou-Shina dans la Manche et Moukden au pied des Vosges.

Ce n'est pas une question d'intérêt, c'est une question morale ; c'est là ce qu'il faudrait apprendre d'abord. Le reste viendrait vite, plus vite que vous ne pensez.

Et voilà le fonds et le tréfonds de ma pensée : aucune réforme sociale, aucun progrès humain ne pourra jamais se réaliser, quelle que soit sa nature, s'il n'est précédé d'une réforme morale individuelle. Inversement, la réforme morale individuelle est le seul moyen d'accéder à des réformes sociales qui ne soient pas des mensonges ou des trompe-l'œil.

J'ai un grand ami qui est chirurgien. J'ai plaisir à me rencontrer avec lui parce qu'il est très instruit et je l'aime parce que je le crois sincère. Ce jour-là, nous étions réunis à quatre ou cinq dans sa maison. C'était après le repas du soir et, sous la lampe, nous bavardions amicalement, les coudes sur la table.

On me taquinait fort sur les idées que j'avais émises dans mon manuscrit des *Massacreurs*, et je me défendais de mon mieux, soutenu par deux jeunes femmes qui prenaient part active à la causerie. Mon ami dirigeait la conversation avec autant d'habileté que de courtoisie et, sans trop de peine, il en vint à la placer sur le terrain de la morale pure. Je fis là quelques déclarations de principe ; mais j'avais affaire à trop forte partie et je faiblissais visiblement. Une des jeunes femmes, qui vit mon embarras, entreprit, avec la charité coutumière à son sexe, de me secourir.

Mon ami ayant nié formellement l'existence d'une morale quelconque intérieure à l'homme, cette jeune femme prit la parole avec une vivacité charmante et se mit en devoir de réfuter cette thèse. Elle parlait avec chaleur et mon ami l'écoutait de cet air calme que j'admire tant chez lui. A un moment donné, elle invoqua la voix de la conscience, et ce mot malheureux fut le signal de sa défaite oratoire..... et de la mienne.

Le buste un peu penché en avant, les mains sur la table, mon ami se mit à rire gaiement et dit :

« — La voix de la conscience ? Vous la connaissez ?

« — Oui, je la connais, répliqua la jeune femme, un peu piquée d'être interrompue.

« — Ah, vraiment ! Et bien, dites-moi. Quel genre de voix a-t-elle ? Soprano ou mezzo ? Car je ne pense pas que, chez vous, elle emprunte un timbre mâle.

« — Pourquoi vous mettre à plaisanter ? Nous causions sérieusement. Quelle stupide question !

« — Ne vous fâchez pas, dit mon ami. Je parle aussi sérieusement que vous. Vous invoquez la voix de votre conscience ; cela fait du bruit une voix ? L'avez-vous entendue ?

La jeune femme resta d'abord silencieuse, l'air boudeur.

« — Oui, finit-elle par répondre.

« — Et bien, alors, si vous l'avez entendue, dites-moi quel est son timbre. Pourquoi ne pas répondre ? Vous le savez pourtant puisque vous dites l'avoir entendue. Est-elle soprano ou contralto ?

Décidément, la jeune femme boudait, et moi, stupide benêt, je n'osai pas prendre la parole.

« — Allons, continua mon ami, vous n'êtes pas

encore libre ; pas encore délivrée des superstitions et des terreurs religieuses. Vous dites que vous l'avez entendue cette voix ; mais non ! Vous croyez seulement l'avoir entendue. Vous croyez qu'elle vous parle et vous vous raccrochez à cette idée enfantine parce que vous ne sauriez où aller sans elle. Vous avez peur de marcher seule et vous inventez cet étrange compagnon.

La conscience, l'âme, la morale, autant de mots. Rien de tout cela n'existe. Ce sont des épouvantails à moineaux que les prêtres ont inventés pour effrayer les enfants et les vieillards. L'avez-vous vue votre conscience ? Et votre âme ? L'avez-vous vue aussi ? Où est-elle ?..... Voyez, Michel lui-même ne dit rien et ne vous soutient pas. Et vous, Michel ; où est-elle votre âme, votre conscience ?

Je ne sus que répondre ; j'invoquai lâchement une vague migraine et pris congé.

Tout en suivant les rues qui conduisent à ma demeure, je songeais tristement. Je me gourmandais de ma faiblesse et je me reprochais avec amertume d'avoir laissé dans l'embarras cette aimable femme qui, pourtant, n'avait fait qu'exprimer mes propres idées sur la morale. Certainement, elle avait parlé avec plus de chaleur que de logique ; elle avait enchaîné ses phrases sans beaucoup d'adresse ; elle s'était montrée plus naïve que savante ; mais je ne trouvais rien à reprendre dans son discours. Peut-être l'aurais-je mieux ordonné ; peut-être aurais-je employé des mots plus imposants : je n'aurais pas été plus net et plus clair. Une question stupide, certainement stupide, l'avait arrêtée et, moi aussi, j'étais resté coi. Comment cela ?

Évidemment, la question n'était pas sérieuse ; mais, posée par un savant, elle arrêtait toute discussion. Je la connaissais pour l'avoir lue, je ne sais où. Quelqu'un a dit : l'âme n'existe pas parce que le scalpel ne l'a jamais découverte. Cette affirmation du scalpel est la plus dangereuse que je connaisse parce que, faite par les hommes les plus instruits, les médecins, elle trouble et désoriente les malheureux ignorants tels que moi. Que répondre à ceci : telle chose n'existe pas, car nous ne l'avons jamais vue.

Et pourtant..... C'est stupide cette négation à la Saint-Thomas..... C'est stupide et, cependant, tout le monde, et moi-même, s'arrête devant elle.

Je me couchai, furieux de ma lâcheté ridicule et tout attristé de me sentir en désaccord intellectuel avec cet excellent ami. J'eus grand'peine à m'endormir. Vers le milieu de la nuit, je fis un rêve étrange.

. . . .

Je sautai tout à coup à bas du lit, m'habillai rapidement et, quelques secondes après, j'entrai dans la salle à manger de mon ami. Il était encore là, assis devant la table, mais seul. Il m'accueillit en souriant avec son air calme habituel.

« — Bonjour. Je suis heureux de vous voir. Asseyez-vous et, maintenant que nous sommes seuls, dites-moi quel est le timbre de la voix de votre conscience. Car j'imagine que vous êtes sorti pour aller la chercher et l'entendre.

« — Vous ne croyez pas si bien dire, répondis-je, je suis allé la chercher ; je la ramène.

Cela ne parut pas le surprendre.

« — Dans ce cas, j'attends. Quelle voix a-t-elle ?

Je rapprochai ma chaise de la table et jouai pendant quelques secondes avec sa boîte d'allumettes pour surmonter le sentiment d'embarras qui me gagnait.

« — Je vous en prie, finis-je par dire, cessez de me questionner. Cela me trouble et je n'ai pas l'esprit assez délié pour vous suivre dans vos nombreuses interrogations. J'aimerais mieux que vous répondiez vous-même à mes questions.

« — Comme il vous plaira, dit-il, toujours souriant. Je vous écoute.

« — Eh bien, voici : Quand, les yeux fermés, vous passez la main sur une feuille de papier, vous sentez une surface lisse. En concluez-vous qu'il n'y a rien d'écrit sur le papier ?

« — Oh, Michel ! Je suis désolé que vous ayez pris la peine de vous lever et de revenir ici pour me dire de tels enfantillages. Si je suis aveugle et si j'ai le tact peu sensible, d'autres me renseigneront. Il n'y a d'irréel que ce que personne ne voit. L'écriture de la feuille de papier, d'autres que moi la verront, car, heureusement, tous les hommes ne sont pas aveugles.

« — C'est vrai, dis-je à mon tour. Je suis battu.....; mais..... la chaleur, par exemple? La voyez-vous?

« — Non, je ne la vois pas, seulement, j'en éprouve les effets; mes sens sont toujours intéressés.

« — Bien. Vous sentez l'effet; mais la cause vous échappe.

« — Permettez, dit mon ami en s'animant un peu; si je constate un phénomène, je suis obligé de croire que sa cause existe. Or, la cause du bien-être que j'éprouve en me plaçant devant le feu, je l'appelle chaleur. Si je ne vois pas la chaleur, du moins, je sais ce que c'est. N'avez-vous pas appris, en classe, que les différentes vibrations, plus ou moins rapides, des molécules des corps donnent naissance aux phénomènes physiques connus sous le nom de lumière, chaleur, son, électricité, etc?.....

« — Pure hypothèse !

« — En aucune façon. Nous ne voyons pas ces mouvements parce que nos sens sont imparfaits, voilà tout.

« — J'en conviens. Toutefois, vous ne me dites pas pourquoi ces mouvements moléculaires?

Mon ami se mit à rire.

« — Voulez-vous, dit-il, une théorie générale de la matière ? Je pense que la découverte de Newton sur la gravitation universelle s'applique à toutes les parties de la matière et non pas seulement aux grands corps organisés, tels que les astres.

L'Attraction Universelle est la force qui oblige les astres à parcourir dans l'espace les orbites que vous savez. C'est cette même force qui oblige à tomber vers le sol la boîte d'allumettes que ma main laisse échapper. C'est elle aussi qui retient agglutinées les molécules des corps organisés. Si nous ne voyons pas ces molécules décrire les unes autour des autres des ellipses semblables au chemin suivi par notre planète, c'est que nos yeux sont trop peu clair-voyants.

Il n'en est pas moins vrai que les corps sont, tous et toujours, en état de vibration moléculaire. Cet état est dû à l'existence de cette force que l'on appelle la Gravitation Universelle et que vous aimez, je le sais, à nommer l'Énergie Universelle.

La preuve, c'est que nous constatons tous les jours les effets de cette force. Seule, la matière existe et elle est mue par les lois qui découlent de l'unique gravitation.

« — Fort bien, dis-je. Vous savez que je ne nie pas plus que vous l'Énergie Universelle. J'en vois les effets de toutes les formes : électriques, acoustiques, etc..... Dites-moi, à présent, est-ce une force intelligente que l'énergie ?

« — Bizarre question, s'exclama mon ami.

Il réfléchit pendant de longues minutes et la réponse se fit attendre.

« — Bizarre question, répéta-t-il, bizarre question ! Où voulez-vous donc en venir ?

« — Vous avez promis de ne plus m'interroger. L'énergie universelle est-elle intelligente ?

« — Mais non, bien entendu ! L'intelligence n'a rien à voir là-dedans. Vous voilà repris par vos enfantillages. La matière et l'énergie qui l'anime n'ont pas d'intelligence, ni de volonté, ni de raison ; c'est bien certain. La gravitation est une force aveugle qui ne peut pas se modifier, ni d'elle-même, ni autrement. Tant que l'homme n'intervient pas, tant que les corps demeurent dans les mêmes rapports de masse et de distance, l'univers reste immobile dans son ensemble.

C'est d'ailleurs ainsi que nous le verrions si nous pouvions, par la pensée, le considérer de l'extérieur. Il ne possède que des forces intérieures puisqu'il est infini. Or, vous le savez, car vous avez quelque teinture de mathématiques, ces forces intérieures se font toutes équilibre et l'univers reste immobile.

Pour qu'il y ait quelque chose de changé, il faut que j'intervienne. C'est ainsi qu'en modifiant les rapports de masses et de distances, je modifie les phénomènes naturels : j'allume du feu, je m'éclaire.

« — Et vous faites des enfants ?

« — Et cela aussi.

« — Eh bien, dis-je, vous vous trompez. Vous n'avez rien modifié du tout, et, vu de l'extérieur, votre univers est toujours immobile parce que, n'ayant rien créé ni détruit, n'étant pas vous-même extérieur à l'univers, les forces intérieures sur lesquelles vous avez agi en ont développé d'autres qui leur font équilibre. Mais vous m'entraînez hors de mon sujet. Voici où nous en sommes.

D'après vous, il n'existe que la matière, infinie dans le temps comme dans l'espace. La matière est mue par l'énergie dont vous constatez les effets.

Vous êtes botaniste et chimiste, je le sais. Vous avez donc disséqué la matière. Avez-vous vu l'énergie ? Quelle couleur a-t-elle ?

« — Permettez……

« — Non, non ; je ne permets pas. Dites-moi la couleur de l'énergie. Après cela, je vous dirai si la voix de ma conscience barytonne ou ténorise.

« — Mais ce n'est pas du tout la même chose.

« — Pardon ; c'est la même chose. Vous dites que vous constatez l'énergie, et moi, je dis que je constate la conscience par ses effets qui sont : la réflexion, le souvenir, la prévoyance, le regret, le remords, la joie, la douleur, l'amour. Si je ne puis dire quel est le timbre de cette voix, vous ne me dites pas non plus la couleur de l'énergie.....; de cette belle énergie, universelle, éternelle, infinie comme la matière et, comme elle, complètement idiote.

« — Michel, vous vous emballez ; c'est regrettable, dit mon ami, plus calme que jamais.

« — Excusez-moi, repris-je après avoir recouvré mon sang-froid. Je veux seulement bien insister là-dessus. La matière est inerte par elle-même. L'énergie l'anime et l'anime toujours suivant des lois immuables. Par conséquent, cette énergie, dont la couleur est inconnue, n'a ni raison, ni volonté. Le propre de la raison est de développer la volonté, laquelle s'exerce au détriment des lois générales qui cessent d'être immuables.

« — Et vous, vous cessez d'être clair, répartit mon ami.

« — Je vais reprendre. L'énergie n'a pas de volonté puisqu'elle ne peut, d'elle-même, changer l'ordonnance de ses lois. Elle est, à mon avis, tout à fait semblable à ce Dieu des catholiques qui ne peut plus rien changer à ce qu'il a établi..... Mais, je ne voulais pas plaisanter. Le monde matière est mû par une force aveugle et il ne peut, pas plus que son conducteur, changer les lois. Est-ce vrai ?

« — C'est vrai, acquiesça mon ami.

« — Cependant, les animaux et surtout l'homme possèdent la puissance de réagir contre ces lois.

« — Comment cela ?

Je me levai et me mis à sauter.

« — Je viens, dis-je en reprenant place sur ma chaise, d'échapper pendant un instant à la loi qui me force à rester collé au sol.

« — Michel, vous devenez amusant.

« — Amusant, mais vrai. L'homme possède en lui une force différente de l'Energie Universelle et cette force, je l'appelle volonté. C'est par ma volonté et non pas en vertu de la gravitation universelle que j'accomplis tous mes actes. Si j'étais soumis seulement à cette dernière, je végéterais comme les plantes..... Même pas : je ne pourrais pas vivre puisque je ne saurais me mouvoir et que, par suite, je serais incapable d'accomplir les gestes nécessaires à la nourriture et à la procréation. Les animaux sont comme moi ; mais leur volonté semble moins compliquée et n'engendre pas toujours, à ma connaissance, des phénomènes complexes tels que, par exemple, le souvenir, le regret, la prévoyance, la réflexion, l'amour.

Mon ami restait silencieux. Il fit seulement un geste d'attention et je continuai :

« — J'en conclus que la gravitation n'est pas la seule force qui soit dans l'univers. Une autre force existe, dont je constate les effets et que je nomme, pour le moment, Volonté ; elle est différente de l'Energie, puisqu'elle n'est pas aveugle. C'est précisément là son caractère : elle est intelligente ou, plutôt, elle est l'Intelligence.

« — Michel, vous allez vous embrouiller.

« — Pas du tout. Je l'ai appelée volonté en employant le tour de langage qui me fait dire, entre autres, force électrique. Je devrais dire forme électrique de l'Energie. De même, je devrais dire : forme volonté, forme intelligence de cette force que je viens de découvrir et qui, différente de la gravitation universelle, anime d'une vie spéciale les animaux et l'homme.

Cette force, dont je perçois les effets par les phénomènes de la raison, de l'intelligence, de la prévoyance....., etc....., n'est pas spéciale à l'homme, parce que l'homme lui-même n'est qu'une forme fugitive de la matière infinie. Me suivez-vous ?

« — Pas très bien, dit-il ; continuez cependant.

« — Elle n'est pas spéciale à l'homme ou aux animaux. Tout ce que l'on peut dire, c'est ceci : Lorsque la matière, sous l'influence des lois de la gravitation universelle, revêt la forme animale, on voit apparaître aussitôt une force nouvelle que j'appelle, pour le moment encore, la volonté. Ce n'est pas la matière qui a créé cette force.

C'est absolument ce qui se passe quand on ferme le circuit d'une pile. La force électrique se manifeste ; mais elle n'a pas été créée par la pile. Elle y existait, comme en tout, à l'état potentiel.

De même, en tout, existe à l'état potentiel cette force que j'ai nommée volonté. A côté de l'Energie universelle, existe la Volonté universelle, éternelle, infinie..... et aussi, intelligente, raisonnable, volontaire. Ces dernières qualités que je viens d'énumérer indiquent les formes qu'elle revêt, mais ne la nomment pas.

Les phénomènes de la chaleur, du son, de la pesanteur vous ont conduit à la notion d'une force unique qui est, pour ainsi dire, la synthèse de tous ces phénomènes ; de même, l'intelligence, la raison, la volonté, l'amour m'ont conduit à la notion d'une force unique qui les synthétise et que j'appelle l'Ame Universelle. Elle a bien d'autres noms, tels que : Dieu, Volonté suprême, Conscience....., etc.....

Quant à ce que j'appelle mon âme, ma conscience, c'est, en moi-même, la manifestation de cette force, de Dieu, de la Conscience universelle....., etc.....

Tous ces mots sont synonymes ; ce qu'ils représentent n'a pas plus de voix que votre énergie n'a de couleur, et vous auriez dû nous épargner cette plaisanterie.

« — Je ne la regrette pas, dit aimablement mon ami, car elle me vaut un curieux sermon dont je voudrais connaître la conclusion.

« — La conclusion devrait être que je connais en

effet la voix de ma conscience. Cette expression un peu enfantine s'explique aisément. Écouter la voix de sa conscience, c'est réfléchir avec sincérité, tout simplement, et sans perdre de vue la notion de cette force universelle que j'ai nommée l'Ame ou Dieu. Mais je veux conclure en allant un peu plus loin.

Je vous ai demandé tout à l'heure si la gravitation était intelligente et vous m'avez répondu non. Or, voilà précisément ce qui caractérise l'âme universelle : c'est une force intelligente, et c'est aussi une force volontaire.

Quand je sais cela et que je réfléchis ; quand je pense que ma volonté n'est qu'une manifestation parcellaire de la volonté universelle, je suis conduit à me demander ce que veut cette force volontaire, cette âme éternelle, ce Dieu. Et c'est, selon moi, dans la réponse à cette question et dans les actes qui en découlent que consiste la véritable vie de l'homme. La réponse constitue ce que j'appelle la morale ; c'est pour cela que je prétends toujours que tout se ramène à une question morale. Vous vous souvenez que j'ai posé le problème des *Massacreurs* en disant : La guerre est-elle une chose morale ?

La vie matérielle de l'homme n'a qu'un temps. La matière dont nous sommes composés se disloque, se liquéfie, s'évapore, revêt des formes nouvelles, mais elle n'a pas de souvenir ; de sorte que notre corps meurt réellement. Tandis que l'âme universelle, Dieu éternel, est fait de souvenir ; nous le constatons par notre âme personnelle ; si bien que, dans l'esprit, nous vivons toujours et ne mourrons jamais. C'est pourquoi la vraie vie est celle de l'esprit, et la seule loi utile à suivre est celle qui ne blesse pas l'âme universelle, la conscience.

C'est pour cela que j'ai, comme disait cette aimable jeune femme, écouté la voix de ma conscience, ou mieux, que j'ai écouté la Conscience..... et j'ai écrit les *Massacreurs* parce que la Conscience m'a répondu : il ne faut pas faire la guerre.

Sur ces mots, je me levai.

« — Adieu, dis-je. Mon sermon est terminé. Méditez-le et, peut-être, il vous convaincra.

J'avais la main sur le bouton de la porte, quand mon ami s'écria :

« — Ne partez pas encore. Vous n'avez pas voulu que je vous interroge et, maintenant, vous ne voulez pas que je vous réponde. C'est trop facile de partir ainsi sans écouter les objections. Il y a beaucoup à reprendre dans votre discours.

« — Et bien, j'écoute, répondis-je ; et je revins vers la table. Mon ami reprit :

« — Vous ne m'avez pas apporté de certitude, et je vous retourne votre mot de tantôt : pure hypothèse. Vous raisonnez comme si les forces agissant sur la matière en étaient différentes, lui étaient extérieures. Qui vous dit que ce soit vrai ?

La colère me monta au cerveau.

« — Fort bien, m'écriai-je ! Je vous vois venir.
Êtes-vous donc comme tous les autres qui commencent par faire ce que bon leur semble et qui bâtissent
ensuite des théories pour justifier quand même
toutes leurs actions, bonnes ou mauvaises ?

Je sais ce que vous allez dire. J'ai tort parce que
rien ne prouve que l'énergie n'est pas partie inté-
grante de la matière. Si nous ne la voyons pas, c'est
faute de bons instruments, voilà tout. Ce qui attire
les astres les uns vers les autres, c'est un ruban de
matière, de nature infiniment ténue, infiniment élas-
tique. C'est idiot ; mais il faut le croire pour justifier
nos mauvaises actions.

Puisqu'il n'y a dans le monde que votre sainte
matière éternelle, il s'ensuit évidemment que la raison, la volonté, l'amour, toutes les qualités de l'esprit humain ne sont elles-mêmes que matière. Un
jour viendra où la science, votre science révérée, nous
montrera la forme cubique et la couleur rouge de la
raison et le noir parallélipipède de la volonté.

« — Mais, mon bon Michel.....

« — Non, laissez-moi dire. Il n'y a que la matière ;
elle est seule souveraine. Il est vrai qu'il faudrait
encore démontrer qui l'a faite ; mais cela ne nous
embarrasse pas : elle s'est créée elle-même. Dans ce
monde matière, où nous ne sommes nous-mêmes
rien que matière, des forces aveugles, inéluctables,

immuables, nous guident ou plutôt nous entraînent sans savoir elles-mêmes où elles vont. Nous croyons aimer, raisonner, réfléchir, prévoir : ce ne sont là que des illusions dues à un orgueil qui lui-même n'est que matière. L'esprit humain n'existe pas, au sens propre du mot. Ce que nous appelons amour, raison, intelligence ne sont que les jeux automatiques de la matière insensible et insensée. De sorte que la morale est inutile et que nous n'avons à nous préoccuper de rien. Il n'y a ni bien ni mal ; il n'y a que ce qui charme ou blesse notre propre individu, et la seule loi logique est celle de l'intérêt strictement personnel.

Agissons donc à notre guise, en dépit même du voisin ; tant pis pour lui s'il est le plus faible. La vie ne doit appartenir qu'aux forts et aux adroits. Le seul frein est la peur du gendarme, et encore devra-t-on bientôt le supprimer parce que l'on ne conçoit pas que les lois puissent restreindre notre liberté et le légitime souci de notre intérêt personnel.

S'il en est ainsi, pourquoi faites-vous vous-même tant de choses contraires à votre intérêt personnel ? Pourquoi donc agissez-vous comme si vous suiviez une règle de morale, pourtant inexistante ? Il serait cependant bien plus facile et bien plus agréable de vous laisser aller à vos penchants que de vous contraindre à une illogique vertu. Pourquoi donc êtes-vous bon, doux, généreux, honnête, affectueux époux, tendre père et fils respectueux?

La bonté n'est qu'une tradition aussi vieille que ridicule; on doit logiquement la remplacer par l'habileté, qui seule permet de réussir. Il n'est pas logique d'être doux, sauf avec les gens dont il est nécessaire de capter la confiance.

Être généreux et charitable, c'est stupide, car les autres ne sont pas intéressants, excepté quand ils nous servent à la manière des bêtes de somme que l'on nourrit bien pour qu'elles fassent beaucoup de travail.

A quoi bon être bon époux? Si l'on prend une femme en mariage officiel, ce ne doit être logiquement que pour augmenter sa propre richesse avec la dot et pour acquérir à peu de frais une ménagère qui ne se mette pas en grève. Si elle est jolie, bien faite, désirable, tant mieux, car on pourra de temps en temps en faire sa maîtresse; mais la fidélité conjugale, tant pour l'homme que pour la femme, n'est qu'un attrape-nigaud. Quelle raison logique y aurait-il bien de se priver du plaisir sexuel avec Pierre ou Paul, ou bien Jeanne et Catherine? Le seul danger, ce sont les enfants; mais, heureusement, nous savons nous y prendre.

Les enfants! A quoi bon en faire, même avec sa femme? Un ou deux à la rigueur, parce que, lorsqu'ils sont petits, on s'amuse avec eux, on les dorlote, on les cajole, on les gave, on les pare comme des caniches ou des poupées. Mais s'ils vous gênent, ce qui est le cas le plus fréquent, il n'y a qu'à les supprimer soit après leur naissance, soit, ce qui vaut mieux, dans le ventre de leur mère. Et même, lorsqu'ils sont devenus grands et que leurs études et leur nourriture deviennent dispendieux, il est logique de s'en débarrasser plutôt que de se priver soi-même de bons cigares ou de jolies maîtresses, car enfin l'amour paternel est moins certain que l'amour de soi-même. On pourrait les abandonner ; mais ils feraient du scandale. C'est pourquoi je pense qu'il vaut mieux les tuer..... Pourvu qu'on le fasse discrètement.....

Les parents ! Mais c'est ridicule de se priver pour assurer le repos à ces vieux gâteux. Et puis, pourquoi donc attendre si longtemps l'héritage de ces ruines qui se cramponnent. Ce n'est pas bien, ni logique, car il n'y a de bien que ce qui me profite. J'ai besoin de cet argent pour une automobile ou pour des diamants que réclame ma danseuse : allons, une bonne boulette aux vieux !.....

Cela vous révolte ? Alors, c'est moi qui avais raison tout à l'heure puisque vous ne pouvez pas supporter le tableau des conséquences logiques de vos doctrines matérialistes.

« — Non, Michel, parvint enfin à dire mon ami. C'est vous qui avez tort en vous mettant en colère.

« — C'est vrai, dis-je. Pardonnez-moi. Cela prouve que la loi morale est difficile à suivre puisque, sans raison, je me suis fâché avant même que vous n'ayiez parlé. Mais, vous le savez bien, je suis plein d'erreurs et de contradictions. Il ne faut pas m'en vouloir. Je vais rester calme et vous écouter.

. . . .

A ce moment, mes idées se brouillèrent et, peu après, je me réveillai.

Hélas ! pensai-je, ce n'était qu'un rêve.....

Michel ANGÉE.

FIN

DE LA POST-FACE DES « MASSACREURS »

TABLE DES MATIÈRES

IMPRIMERIE CH. CHARLET